복음의 문을 열고
사랑을 담다

복음의 문을 열고
사랑을 담다

당신과 나누고 싶은
당신에게 들려주고 싶은
하나님의 러브스토리

The Bible is the love story of God

김현 지음

마음지기

"하나님의 사랑이 우리에게 이렇게 나타난 바 되었으니
하나님이 자기의 독생자를 세상에 보내심은
그로 말미암아 우리를 살리려 하심이라"_요한1서 4:9

하나님의 러브스토리가

_____ 님께

온전히 전달되길 소망합니다.

추천의 글

　하나님을 고백하고, 하나님을 이야기하며, 하나님을 노래한다는 것은 우리들의 사명이자 인생의 가장 큰 기쁨입니다. 더욱이 이러한 기쁨을 함께 나눈다는 것은 우리에게 주신 주님의 큰 축복입니다. 오직 말씀과 기도로 복음을 향해 전진하는 오륜교회에서 사랑하는 김현 목사님과 함께 동역함이 제게도 깊은 감사의 시간이었습니다.

　이 책 『복음의 문을 열고 사랑을 담다』는 그런 면에서 저에게도 적잖은 도전과 은혜가 되었습니다. 복음에 대해서 탁월하게 쓴 책이 많습니다. 그러나 목회자의 눈이 아닌 성도의 시선으로 복음을 바라보고, 이해하며, 받아들이는 과정을 담은 이야기는 그리 많지 않습니다. 바로 이러한 시도를 통해 김현 목사님의 겸손함과 사역 현장에서의 열정을 엿볼 수 있었습니다. 특별히 내용을 쉽게 다루면서도 복음의 본질을 놓치지 않는 날카로운 통찰력과 꼭 제가 심방하는 것처럼 현장감 있는 묘사 때문에 술술 읽혔습니다. 바라건대, 이 책이 아직 그리스도의 복음에 대해 고민하고 있거나 주저하는 이들에게 하나님을 인격적으로 만나는 마중물 역할을 하기를 기대합니다.

김은호 | 오륜교회 담임목사

동서고금을 통하여 기독교를 설명하고 변증하는 책들은 많이 출판되었습니다. 하지만 이런 책들에서 이 시대 한국 사람들이 자신이 가진 호기심과 궁금증을 해소하는 데 도움을 받기는 쉽지 않은 듯합니다. 그 내용과 서술이 너무 전문적이거나 문화적 혹은 시대적인 이질감으로 거리감이 느껴지기 때문일 것입니다.

저 또한 전도의 목적으로 제 주변의 비기독교인이나 새신자에게 도움이 될 만한 책을 선물하려고 고르다 보면 비슷한 어려움을 겪게 됩니다. 그런 의미에서 저의 제자 김현 목사님의 첫 책 『복음의 문을 열고 사랑을 담다』는 바로 이러한 사람들에게 기쁜 소식이 되리라 확신하며 감사하는 마음을 담아 적극적으로 추천합니다.

평범하나 성실하고 신중한 한 남성과 친절하면서도 세심한 목사의 가상 대화에서 기독교의 오묘한 진리가 실타래처럼 술술 풀어지고, 지극히 현실적인 일상에서도 가능한 거룩한 삶을 보게 됩니다.

이정숙 | 횃불트리니티신학대학원대학교 총장

설정이 참 좋습니다. 주위에 기독교인이 있다면 누구나 한 번쯤 교회에 나가자는 권유를 받았을 것이고, 누군가에게 한 번쯤 기독교에 대한 궁금한 점을 물어보고 싶었을 것이고, 누구나 한 번쯤 그에 대한 시원한 답을 들어 보고 싶었을 것입니다. 이 책은 그렇게 망설이는 분들에게 적극적으로 권하고 싶습니다. 교회를 다니면서도 뭐가 뭔지 모르겠다고 홀로 외로움을 느끼는 분들에게, '남들은 다 신앙생활을 잘 하는 것 같은데 나는 왜 이리 감동이 없지'라고 느끼는 분들에게, 신앙생활은 오래 했으나 '초신자에게 기독교에 대해 뭘 어떻게 설명해야 하지?'라는 고민을 하느라 괜히 머리털 빠지는 분들에게 적극적으로 권하고 싶습니다.

『복음의 문을 열고 사랑을 담다』를 읽다 보면 갑자기 본인의 기독교 지식이 업! 업! 업그레이드되는 청량감을 느낄 것입니다. 대화하듯이 되어 있는 글을 읽다 보면 본인도 그 대화 속 청중이 되어 있음을 느낄 것입니다. 물 흐르듯 흘러가는 설명을 듣다 보면 내 안에 복음이 '사랑'임을 알게 될 것입니다. 신학교 때 저의 제자였던 이 책의 저자 김현 목사님이 자랑스럽습니다. 엄지 척의 응원을 보냅니다.

김윤희 | FWIA Faith & Work Institute Asia 대표, 구약학 박사

사랑하는 김현 목사님의 귀한 책 추천사를 쓸 기회를 주신 것에 대해 감사한 마음입니다. 기도하며 준비하는 중에 '주님의 빛 된 사랑이 내 안에 들어오다'라는 문구가 떠올랐습니다.

오랜 신앙생활에도 불구하고 저는 정리되지 않은 신앙 고백, 자신 없는 전도, 부끄러운 삶의 모습 때문에 하나님의 자녀라는 정체성을 당당하게 드러내지 못하며 살아왔었습니다. 그러다 3년간 교구 간사로 김현 목사님을 섬기며 목사님의 말씀과 삶을 보면서 저의 신앙이 자라고, 십자가 사랑에 대한 감격과 언약의 말씀이 주는 기쁨을 누리는 경험을 하게 되었습니다. 성도들이 복음에 대해 쉽게 이해할 수 있도록 잘 정리된 책이 있으면 주위의 믿지 않는 사람들에게 전해 주고 싶다는 소망이 있던 저에게 『복음의 문을 열고 사랑을 담다』의 출간은 참 반가운 소식입니다. 이 책이 예수님을 믿는 것이 무엇인가에 대한 대답과 함께 복음의 이해를 돕고 신앙생활의 좋은 길잡이가 되리라 확신합니다. 또한 우리가 믿는 바를 분명히 깨닫게 해주고, 아직 믿음 안으로 들어오지 않은 이들에게 구원의 소망을 전하는 사랑의 도구가 되어 줄 것입니다.

배갑선 | 오륜교회 교구 간사

목차

추천의 글 ·········· 6
감사의 글 ·········· 14
여는 글 ············ 22

첫 번째 만남_ **복음을 만나다**

성경, 하나님의 러브스토리 ····································· 30
모든 사람은 공사가 마무리된 세상에 태어난다 ················ 34
우연히 존재 vs. 누군가에 의해 존재 ···························· 39
하나님의 사랑, 인간을 창조하신 동기와 목적 ·················· 42
성경이 말하는 죄와 죄인의 정의 ································ 44
인간에게 찾아온 세 가지 죽음 ·································· 49

두 번째 만남_ 복음을 말하다

이스라엘 역사가 나와 무슨 상관이 있나요? ····· 56
다시 살리기로 결정하신 하나님 ····· 59
예수님의 죗값 지불 방식, '선불과 후불' ····· 75
왜 꼭 십자가에 달려야만 했나요? ····· 82
예수님을 제대로 믿는다는 것 ····· 84
왜 꼭 기독교여야만 하죠? ····· 88
위인들도 천국에 갔을까요? ····· 93
구원의 확신은 반드시 필요한가요? ····· 97
날마다 죽어 가는 육체 안에서 매 순간 하나님의 은혜 기억하기 ···· 103
하나님이 직접 오시지 왜 독생자를 보내셨나요? ····· 110

세 번째 만남_ **복음을 채우다**

삼위일체에 대해	122
가까이 오신 성령님	127
옛사람과 새사람이 존재한다고요?	137
내 안에 계신 성령님 찾아보기	141
일상에서 성령님과 동행하기	146
삶에서 하는 기도	152
방언	156
성령 충만	160

네 번째 만남_ 복음을 나누다

안식일과 주일, 어떤 것을 지켜야 하나요? ······· 166
언제나 뜨거운 이슈, 십일조와 헌금 ······· 175
성경이 말하는 온전한 십일조 ······· 184
예수님을 믿으면 복 받는다고요? ······· 190
목사들의 부끄러운 모습을 어떻게 이해해야 하나요? ······· 194
성경이 추구하는 가치 ······· 198
나의 신부가 되겠습니까? ······· 203
당신의 삶은 어느 곳을 향해 가고 있나요? ······· 207
인간을 창조하실 때 하나님이 하신 각오 ······· 213

닫는 글 ······ 226

감사의 글

여기 '성경'이라는 숲이 있다. 인간을 향한 하나님의 거대한 사랑 이야기로 가득한 숲. 이 안에는 66그루의 웅장한 나무가 있으며, 이 나무들은 오랜 시간과 다양한 사건, 그리고 여러 인물을 통해 하나님께서 인간을 어떻게 사랑하셨는지 그 사랑의 향기를 담고 있다. 이 숲을 거닐며 66그루의 나무 하나하나가 가진 향기를 맡다 보면 우리를 향한 하나님의 무한한 사랑에 취하게 된다.

영화에는 여러 장르가 있다. 누군가 어떤 특정한 장르의 영화를 보기로 했다면, 그는 분명 영화를 보는 내내 자신이 선택한 장르의 요소가 나오길 기대할 것이다. 예를 들어 코믹 영화를 선택했다면 유머러스한 요소를 기대하며 어떤 부분에서 '빵 터질지'를 찾으면서 영화를 관람할 것이다.

영화와 마찬가지로 책에도 장르가 있다. 그중에서 성경은 어느 장르에 속할까? 물론 성경을 콕 집어 어떤 한 장르로 못 박기는 쉽지 않다. 성경에는 역사, 문화, 예언, 시, 노래 등과 같은 여러 요소가 포함되어 있기 때문이다. 그러나 나는 성경의 장르를 '인간을 향한 하나님의 러브스토리'라고 말하고 싶다. 죄인 된 인간을 향한 하나님의 변함없는 사랑이 가득 담겨 있는 책이 바로 성경이기 때문이다.

가끔 호기심 충족을 위해 성경을 읽거나 과학 또는 의학적인 요소를 기대하며 성경을 읽는 사람들이 있다. 이런 사람들은 성경이 비과학적이라고 말하기도 한다. 하지만 이는 성경의 장르를 무시한 채 대하기 때문에 나오는 반응이라 할 수 있다. 성경을 대하는 출발부터 잘못된 것이다.

성경은 모든 것을 다 기록하지 않았다"예수께서 행하신 일이 이 외에도 많으니 만일 낱낱이 기록된다면 이 세상이라도 이 기록된 책을 두기에 부족한 줄 아노라"_요 21:25. 우리의 호기심을 충족시켜 주기 위해 기록된 것은 더더욱 아니다. 성경은 하나님이 인간을 어떻게 사랑하셨고, 또 얼마나 사랑하셨으며, 그 사랑으로 인해 어떤 일을 행하셨는지에 대한 기록이다. 그런 의미에서 성경을 가장 잘 읽는 사람은, 성경을 통해 인간이 어떤 존재이며 오랜 역사 속에서 이러한 인간을 하나님께서 어떻게 사랑해 오셨는지 그 사랑을 발견하며 읽는 사람이라 할 수 있을 것이다.

이 책은 이러한 인간을 향한 하나님의 사랑 이야기를 독자들이 좀 더 쉽고 편하게 이해하는 데 도움을 주고자 대화식으로 구성해 보았다. 여기에 등장하는 40대 남성은 교회에 등록하지 않고 7년간 아내를 따라 교회만 왔다 갔다 하는 교인이다. 교회에 다녀온 날이면 한가득 품고 있던 하나님과 성경에 대한 의문을 가장 만만한 상대인 아내와 다투듯 토론한다. 하지만 정작 아내 외에는 그 누구에게도 신앙적인 질문은 하지 않는 사람이기도 하다.

오늘 이 40대 남성은 자신을 교회에 등록시키려고 작심한 아내를 따라 예배 후 곧바로 새가족 부스로 향한다. 그리고 그곳에서 만난 담당 목사님과 대화를 나누게 된다. 그는 이 세상은 누군가에 의해 만들어진 것인지 아니면 우연히 존재하게 되었는지를 시작으로 인간의 창조 이유, 나아가 왜 꼭 예수님을 믿어야 하며, 우리가 잘 알고 있는 위인들은 천국에 갔는지 지옥에 갔는지 등 누구나 한 번쯤 가져 보았던, 하지만 다른 사람의 시선을 의식해서 물어보지 못했던 마음의 질문들을 우리 대신 해줄 것이다. 그리고 이 남성과 대화를 이어 나가는 담당 목사님은 그의 질문에 대해 성실한 마음으로 답변을 할 것이다.

사실 이 책에 등장하는 40대 남성과 목사는 나의 모습이기도 하다. 어린 시절 목사가 되기로 결단했지만 성경을 읽으면서 참 많은 의문이 들었던 것이 사실이다. 그럼에도 '미성숙하다는 말을 들으면 어쩌지?'하는 마음이 앞서 허심탄회하게 질문해 본 적이 거의 없었다. 그렇게 시간이 지나면서 성경에 대한 질문과 의문은 계속 쌓여만 갔다. '그래, 어차피 피조물인 내가 창조주를 다 담아 내는 것은 불가능한 거야!'라는 말로 나 자신을 위로해 보았지만, 내가 목사가 된 이후 내 안에 해결되지 못한 질문들을 성도들이 나에게 하는 모습을 상상하면 끔찍하기만 했다. 그래서 말씀을 깊이 묵상했고, 연구하기 시작했다.

이 글을 쓰면서 성도의 입장에서 성경과 하나님에 대해 의문을 가졌던 예전 나의 모습을 40대 남성에게 투영해 보았다. 그리고 가상의 그와 대화를 주고받으면서 이와 비슷한 고민을 해왔던 지난 시간에 대해 감사하게 되었다.

책을 쓰면서 머릿속에 있던 내용을 글로 펼쳐 보인다는 것이 얼마나 어려운 건지 새삼 경험을 했다. 그럼에도 내가 이 책을 포기할 수 없었던 이유는 예수님을 믿지 않거나 이제 막 신앙생활을 시작한 사랑하는 이들에게 좋은 선물이 되었으면 하는 바람이 컸기 때문이었다.

그래서 이 책은 예수님을 알지 못한 사람들이나 교회는 다니고 있지만 신앙에 대해, 복음에 대해 많은 의문을 가지고 있는 성도들이 예수 그리스도를 통한 하나님의 구원의 선물을 가장 쉽게 이해하고 접근할 수 있도록 하는 데 초점을 맞추었다. 그러다 보니 좀 더 깊은 내용까지 담아내지 못한 부분이 있음을 고백하지 않을 수 없다.

  원고를 절반 정도 정리했을 때 즈음 마음지기 노인영 대표님을 만나게 되었다. 첫 만남부터 참으로 순수한 하나님의 사람이라는 것이 느껴질 만큼 겸손하고 하나님을 사랑하는 분이었다. 부족한 것이 많은 사람을 순수하게 봐 주었기에 이 책이 나올 수 있었다. 그리고 내 생애 첫 책을 마음지기와 함께할 수 있다는 것에 진심으로 감사하다.

  특별히 미흡한 글임에도 불구하고 귀한 시간을 내어 읽어 주시고 추천사를 써 주신 내가 정말 사랑하고 존경하는 김은호 목사님께 진심으로 감사를 전하고 싶다. '사랑하는 목사님, 늘 건강하시고 오래오래 저희 곁에 있어 주세요!'

  늘 한결같은 격려와 범접할 수 없는 아름다운 미소로 응원해 주시고 추천사를 써 주신 햇불트리니티신학대학원대학교 이정숙 총장님과 신학대학원 시절 때 보았던 하나님의 눈물과 따뜻한 마음이 지금도 느껴지는 당당함과 겸손함을 함께 소유하고 계신 아름다운 김윤희 교수님의 추천사에 진심으로 감사드린다.

아울러 3년간 줄곧 나와 함께 교구 사역을 하면서 섬겨 주신 배갑선 간사님의 기도와 섬김에 진심으로 감사드리고 싶다. 그리고 처음 목사가 되어 오륜교회에서 사역할 때 섬겼던 2012~2015년 새벽이슬 공동체! '그대들이 아니었으면 이 책은 여전히 내 머릿속에만 남아 있었을 것이다. 그대들의 사랑과 섬김은 아직도 내 가슴을 뛰게 한다.' 또한 기도와 사랑으로 격려해 주셨던 오륜교회 성도들과 둔촌교구 식구들, 그리고 사랑하는 제자반 식구들과 일대일 제자반 식구들에게도 감사의 마음을 전하고 싶다.

더불어 오랫동안 사역하면서 늘 내 곁에서 나의 설교를 가장 좋은 설교라 칭찬해 주고, 최고의 목사라고 격려해 주는 사랑하는 아내에게 최고의 사랑과 고마운 마음을 전하고 싶다. '여보! 당신은 하나님께서 내게 주신 가장 소중한 선물입니다'. 그리고 사랑하는 첫째 딸 하연이와 둘째 딸 주연이, 막내아들 성연이에게도 사랑의 마음을 전하고 싶다. '아빠는 너희들을 보는 것만으로도 무척이나 큰 쉼이 된단다.'

바라기는 이 책이 아직 예수님을 믿지 않는 사람들에게는 믿음의 시작이 되고, 이미 예수님을 믿고 있는 성도들에게는 다시 신앙의 터를 잡을 수 있는 좋은 선물이 되었으면 한다. 또한 이 책이 내가 믿는 예수님이 우리를 얼마나 사랑하시는지 깨닫게 하는 데 도움이 되었으면 한다.

끝으로 항상 내 곁에서 나의 영혼을 아끼시며 '순수하라, 그리고 변질되지 마라, 평생 내 앞에서 삶을 살아라' 권면하시는 삼위 하나님께 모든 영광을 올려 드리고 싶다.

"모든 영광은 주님의 것입니다."

2018년 어느 날.

여는 글

예수님을 인격적으로 만났냐고요?

올해 내 나이가 벌써 40하고 하나다. 꺾이는 나이가 되었다는 증거일까? 몸이 예전 같지 않다. 거기에다 최근 들어 삶과 죽음이 남의 일처럼 여겨지지 않는다. 나이가 나이인지라 친구나 지인들 부모님의 장례식장을 갈 일이 예전에 비해 부쩍 많아졌기 때문이 아닌가 생각된다. 그러면서 나를 포함한 모든 인간은 시간 앞에서, 질병과 죽음 앞에서 절대적으로 취약한 존재라는 것을 깊이 인정하게 되었다.

며칠 전에는 친구의 어머니가 병실에 누워 계신 모습을 보고 왔다. 내가 가장 사랑하는 친구이다 보니 그의 어머니 역시 나에게 특별하게 다가왔다. 인생을 살다 보면 가장 친한 친구 한 명쯤은 있기 마련인데 그 친구가 나에게는 바로 그런 친구이다. 우리는 만나면 종교, 철학, 정치, 문화 등 다양한 대화를 한다. 생각이 비슷해서 인지 지금까지 별다른 의견 충돌이 일어난 적은 없다. 다만 종교, 그중에서도 신에 대한 이야기가 나오면 대화가 쉽게 끝나지 않는다. 나는 교회를 다니는 반면 친구는 무신론자이기 때문이다. 그렇다고 내가 신앙이 깊은 신자는 아니다. 하나님에게 푹 빠져 있는 아내를 따라 일요일에만 교회를 나가는 정도이다.

'서당 개 삼 년에 풍월을 읊는다'라고 했던가? 아무래도 매주 반복해서 교회를 다니다 보니 성경의 모든 이야기가 확실하게 믿어지지는 않지만 그렇다고 무조건 불신하는 것 역시 썩 편치만은 않다. 무턱대고 신의 존재를 거부한다는 것이 결코 쉬운 일이 아니다 보니……. 그러다가도 믿기 힘든 수많은 질문이 꼬리에 꼬리를 물고 늘어질 때면 내 마음은 또다시 복잡해진다. 그렇게 쌓여만 가는 고민과 질문을 머릿속 한편에 처박아 놓고 아무 생각 없이 교회를 오간 지 어느덧 7년이 되었다.

내일이 어느새 일요일이다. 아내를 따라 교회에 갈 생각을 하니 벌써부터 피곤이 밀려온다. 어디 오라는 상갓집 없나 생각하면서 휴대폰을 이리저리 살펴보는데 문자가 하나 뜬다. 친구다. 얼마 전 병문안을 다녀왔던 친구. 암 수술 후 항암 치료를 받고 계셨던 그의 어머니가 위독하다는 문자였다. 나는 아내에게 상황을 이야기하고 얼른 친구에게로 발걸음을 향했다.

사랑하는 어머니와 이별을 앞둔 친구의 두 눈은 붉게 충혈되어 있었다. 어머니의 생명을 조금이라도 연장시킬 수만 있다면 뭐든지 하고 싶다는 그의 간절한 바람이 무색할 정도로 어머니는 아무런 의식조차 없으셨다. 친구를 위로한답시고 내가 할 수 있는 건 곁에서 어깨를 토닥거려 주는 것이 전부였다. 그러면서 '죽음 앞에 인간이 이렇게 무능하단 말인가!'라는 생각에 잠시 빠져들었다.

한 시간 반 정도 지났을까? 슬픔에 젖어 있는 친구를 뒤로하고 밤늦게 귀가하여 잠을 청했지만 쉽게 잠이 오지 않았다. 조금 전 병원에서 뵈었던 친구 어머니 모습이 계속해서 생각났기 때문이다. 2년 전 나의 어머니도 지금의 친구 어머니와 비슷하게 세상을 떠나셨는데 그때 나의 어머니의 모습과 친구 어머니의 모습이 오버랩overlap이 되었다. 아마도 지금 친구 녀석의 얼굴이 꼭 그때 나의 모습이었겠지.

나는 다시 삶과 죽음에 대해 생각해 보았다. 처음에는 철학적이고 골치 아픈 주제라 생각했는데 그게 아니었다. 삶과 죽음은 지금도 매일 같이 나의 생활 속에서 일어나고 있기 때문이다.

지금까지 나는 좋은 고등학교, 좋은 대학, 좋은 직장, 좋은 아내, 좋은 집을 얻기 위해 달려왔고, 지금은 사랑하는 세 자녀를 위해 앞만 보고 달려가고 있다. 그러다 보니 누가 나를 이 세상에 보냈는지, 지금까지 내가 무엇을 위해 살았고 또 무엇을 위해 살아가야 하는지, 나의 생명의 시작이 있듯이 마지막도 있을 텐데 그 마지막에는 어떤 일들이 일어날지 고민하지 않을 수 없었다. 아니 좀 더 솔직하게 말하면 최소한 내 인생 가운데 한 번 정도는 이러한 질문 앞에 진지하게 서 보고 싶었다.

그러면서 다시 하나님에 대해 생각해 보았다. '정말 하나님이 계실까? 아내가 이야기 하는 것처럼, 교회에서 가르치는 것처럼 예수님을 믿으면 이 지긋지긋한 죽음과 정말 이별할 수 있는 것일까? 하나님이 계신다면서 세상에 악이 왜 존재하는 걸까? 하나님은 전지전능하다면서 선악과는 왜 만들었을까?' 꼬리에 꼬리를 무는 질문에 스스로 지쳐 잠이 들었다.

머리를 말리는 아내의 드라이기 소리에 눈을 떴다. 오늘은 오랜만에 하얀 와이셔츠에 넥타이를 매고 아내를 따라 교회로 향했다. 여전히 풀리지 않는 숙제가 한가득이지만, 마치 아무 일 없었던 것처럼 교회로 발걸음을 내디디고 있다.

7년째 교회를 다니고 있으면서도 등록은 하지 않았는데 오늘은 아내의 등쌀에 못 이겨 새가족 부스로 갔다. 그리고 그곳에서 새가족 담당 목사님을 만나 가볍게 인사를 나눴다.

"안녕하세요, 성도님. 우리 교회에 오신 것을 환영합니다. 혹시 괜찮다면 신앙생활한 지는 얼마나 되었는지 알 수 있을까요?"

"한 7년 됐습니다."

"오래 하셨네요. 그런데 그동안 등록하지 않고 다니신 거예요?"

"네……."

나는 빨리 이야기를 마치고 이 어색한 자리를 뜨고 싶었다. 그런데 목사님은 계속해서 이야기를 이어 가려고 한다.

"그렇다면 7년간 신앙생활을 하면서 예수님을 인격적으로 만나셨나요?"

'예수님을 인격적으로 만났냐고?' 이 질문은 오히려 내가 목사님에게 하고 싶은 질문이었다. 나는 성도들이 '예수님을 인격적으로 만났다'라고 하는 말을 들을 때마다 '눈에 보이지 않는 예수님을 어떻게 만날 수 있단 말인가!'라는 의문을 가지고 있었기 때문이다.

"잘 모르겠습니다. 그런데 목사님, 눈에 보이지 않는 예수님을 어떻게 인격적으로 만날 수 있나요?"

나도 모르게 마음에 남아 두었던 질문이 툭 하고 튀어나왔다. 어쩌면 아무라도 붙들고 내 마음 한편에 처박아 두었던 질문에 대한 대답을 듣고 싶었는지도 모르겠다. 여하튼 질문한 나도, 질문을 받은 목사님도 조금 당황한 듯하다. 잠시 후 목사님은 앞으로 4주 동안 매주 한 번씩 만나서 한두 시간 정도 이야기를 나누자고 했다. 나는 그렇게 하겠다는 말을 하고 서둘러 교회를 나왔다. 그 자리를 빨리 벗어나고 싶었기 때문이다.

그리고 그렇게 목사님과 나와의 만남은 시작되었다.

1

첫 번째 만남

복음을 만나다

> 성경, 하나님의 러브스토리

목사님과 만나기로 한 첫 번째 날이다. 나를 본 목사님이 먼저 반갑게 인사를 했다.

"한 주간 잘 지내셨나요?"

"네……. 그런데 저…… 목사님, 바쁘시면 오늘 간단히 얘기하고 다음부터는 안 만나도 될 것 같아요."

애초에 약속은 했지만 이 어색한 만남을 네 번이나 가져야 한다는 것이 영 자신이 없었다. 그런데 목사님은 괜찮다는 말과 함께 오늘 만남을 기다렸다고까지 한다. 휴…….

목사님과 차 한 잔을 마시며 허심탄회한 이야기가 시작되었다. 진지한 목사님의 모습에 나도 점차 진지해지기 시작했다.

"저……, 실은 목사님을 만나기로 해서 성경을 조금씩 다시 읽어 봤습니다."

"오! 그래요? 멋지십니다."

"그런데 성경을 읽다 보면 논리적이지 않다는 생각이 들 때도 있고, 비과학적이라는 생각이 들기도 합니다."

"맞아요. 그렇게 느낄 수도 있어요. 그러나 성경을 대할 때는 먼저 몇 가지 기억해야 할 것이 있어요. 첫째, 성경은 모든 것이 다 기록되어 있지 않다는 거예요. 어떠한 목적과 분명한 주제를 기준으로 신별하여 기록했기 때문이죠. 성경은 예수님을 인간의 몸을 입고 세상에 오신 하나님이라고 말씀하고 있어요. 그러한 예수님께서 33년간 이 땅에 사셨는데 성경에는 예수님의 모든 행적 역시 다 기록하지 않았어요. 특별히 예수님의 행적을 담은 복음서의 기록은 대부분 예수님이 30세가 된 이후의 사건을 다루고 있죠. 이 말은 성경이 분명한 목적과 의도를 가지고 있고, 그 의도와 목적에 맞게 선별되어 기록되었다는 의미이기도 하죠. 그리고 둘째는 성경의 장르를 알아야 해요. 혹시 영화 좋아하세요?"

"그럼요. 좋아하죠."

"그렇다면 어떤 장르의 영화를 좋아하시나요?"

"뭐…… 가리지 않고 다 보기는 하는데 특별히 코믹 영화 좋아해요."

"그러면 코믹 영화를 볼 때 어떤 것을 기대하면서 보시나요?"

"그야 뭐…… 많이 웃으면서 그동안 쌓였던 스트레스가 풀리기를 기대하는 마음으로 보죠."

"그렇죠. 코믹 영화라는 장르에 있어 가장 중요한 것은 웃음이죠. 코믹 영화를 보면서 호러적 요소나 멜로적인 요소가 없다고 불만을 표시하는 것은 썩 바람직하다고 할 수 없을 거예요."

"물론이죠. 멜로적인 요소를 원하면 멜로 영화를 봐야 하고, 호러적인 요소를 원하면 공포 영화를 선택해서 보면 되니까요."

"맞아요. 그렇다면 질문을 하나 더 할게요. 성경의 장르는 무엇이라고 생각하시나요?"

목사님의 질문에 살짝 당황하긴 했지만 아무렇지도 않은 표정으로 이야기했다.

"글쎄요. 잘 모르겠네요. 한 번도 생각해 본 적이 없어서요."

"성경의 장르를 굳이 구분하면 사랑 이야기예요. 하나님께서 인간을 왜 창조하셨고, 또 얼마나 존귀한 자로 만드셨는지, 그런 인간이 왜 죽음의 지배를 받는 존재로 전락해 버렸으며, 죽어 버린 인간을 다시 회복시키시기 위해 하나님께서 어떠한 사랑의 수

고를 감당하셨는지에 대한 기록이 바로 성경이거든요. 한마디로 성경은 인간을 향한 끝없는 하나님의 러브스토리인 것이죠. 그렇기 때문에 성경을 읽으면서 충분한 과학적 요소가 나오지 않는다고 불평하는 것은 성경의 장르를 제대로 이해하지 못하고 읽은 거라고 할 수 있습니다. 그래서 어떤 의미에서 보면 성경을 가장 잘 읽는 사람은 성경 안에 담긴 인간을 향한 하나님의 사랑을 발견할 줄 아는 사람이라고 할 수 있겠죠."

"성경의 장르가 인간을 향한 하나님의 러브스토리라……. 처음 듣는 이야기네요. 그런데 목사님이 이야기하신 관점에서 생각해 보니 성경이 조금은 이해가 되는 것 같네요."

"유한한 인간이 초월해 계신 하나님을 다 이해하고 논리적으로 설명한다는 것은 한계가 있어요. 단지 우리는 성경을 통해 하나님이 어떠한 분이시며, 우리를 어떻게 사랑하셨는지 발견할 수 있어야 하는 것입니다. 자! 그럼 이제 본론으로 들어가 볼까요?"

모든 사람은 공사가 마무리된 세상에 태어난다

"하나님의 존재를 믿으십니까?"
이번에도 전혀 예상치 못한 질문이 갑자기 훅 들어왔다. 또다시 당황스러웠고, '이 대화에서 빠져나가기는 쉽지 않겠구나!'라는 직감이 들었다. 솔직히 약간의 스트레스와 함께 피곤함이 밀려왔다. 하지만 7년간 교회를 다녔는데 한 번 정도는 좀 깊이 있게 하나님에 대해서, 그리고 나의 믿음에 대해서 생각해 볼 필요도 있겠다 싶었다. 그래서 성실하게 대화에 임하기로 마음을 다잡았다.

"솔직히 그것도 잘 모르겠습니다."
"음……. 그럼 이건 어떨까요? 모든 사람은 태어날 때 이미 만들어진 세상을 만납니다. 다시 말해 세상이란 곳이 공사가 다 마무리된 이후에 모든 인간이 태어났다는 이야기예요. 사람이 태어나 보니 태양이 만들어져 가고 있거나 혹은 달과 별이 한창 공사가 진행 중인 것이 아니었다는 말이죠. 우리는 이미 다 만들어진 세상에 태어나 그 세상에서 살아가고 있어요. 제 이야기에 동의하시나요?"

"뭐, 그럴 수도 있지요. 아니, 그렇긴 하죠."

"이미 만들어져 있는 세상에 태어난 사람들 가운데는 그냥 아무 생각 없이 사는 사람들도 있지만, 어떤 이들은 세상이 어떻게 시작되었는지 관심을 갖기도 합니다. 그러면서 세상의 시작에 대해 크게 두 가지 결론에 도달하게 되었죠. 하나는 세상은 우연히 어떠한 힘에 의해 시작되었다고 믿는 진화론이고, 다른 하나는 우연이 아닌 누군가에 의해 세상이 시작되었다고 믿는 창조론이에요. 대부분 진화론은 과학이고, 창조론은 믿음의 영역이라고 생각하기도 하지만 전혀 그렇지 않아요. 진화론도 창조론도 모두 '믿음의 영역'입니다. 왜냐하면 누구도 세상의 시작을 본 사람이 없기 때문이죠. 이런 관점으로 정리해 보면 진화론은 이 세상이 우연에 의해 존재했다고 '믿는 것'이고, 창조론은 이 세상이 누군가에 의해 존재했다고 '믿는 것'이라 할 수 있겠죠. 그렇기 때문에 진화론은 과학이고, 창조론은 믿음이 아니라 둘 다 믿음의 영역인 거죠. 그런데 한 번만 더 생각해 보면 이 세상이 우연히 존재했다고 믿는 것은 누군가에 의해 시작되었다고 믿는 것보다 더 큰 믿음이 필요해요. 이 세상에는 셀 수 없는 생명체들이 존재하고, 지구를 벗어나면 우주는 측량하기 불가능할 정도로 거대하기 때문이죠."

나도 모르게 그럴듯하게 설명하는 목사님의 이야기 속으로 빠져들어 갔고 진지하게 반응하고 있었다.

"우리가 '우연이다'라고 할 때는 아주 극히 드물게 일어나는 사건을 말합니다. 즉, 점 하나는 우연히 찍힐 수 있겠죠. 하지만 완전한 생명체가 질서 정연하게 움직이고 존재하는 것은 우연성과는 거리가 너무나 멀다고 생각되지 않나요? 제가 한 가지 예를 들어 볼게요. 자녀가 있으시죠?"

"네, 딸 둘과 아들 하나 있어요."

"와우! 그럼 200점 아빠네요."

"하하하. 그런가요?"

"자녀와 함께 그림 전시회에 갔다고 해보죠. 아이가 '아빠, 이 그림은 누가 그린 거예요?'라고 물어본다면 어떻게 대답하실 건가요?"

"음…… 아마도 그림 옆에 있는 설명을 보고 작가의 이름을 이야기해 주거나, 설명된 글이 없다면 그림을 잘 그리는 어느 화가가 그렸다고 말하지 않을까 싶네요."

"그렇습니다. 완성된 그림을 보고 화가가 그렸다는 믿음을 가지고 자녀에게 알려 주겠죠. 이 사실은 화가가 그림을 그리는 장면을 직접 봐야만 설명해 줄 수 있는 것은 아닐 거예요. 어찌 되었건 누가 그렸는지 못 봤더라도 완성된 그림을 보면 우리는 누군가에 의해 그림이 그려졌다는 믿음을 갖게 되는 것입니다. 그런데 옆에 있는 한 아저씨는 같은 질문에 '아빠도 잘 모르겠구나! 아빠가 보질 않았으니……. 우연히 그려진 것이 아닐까?'라고 설명한다면, 성도님은 그러한 답변에 대해 어떻게 반응하시겠어요?"

"물론 그림을 그리는 것을 직접 보지 않았지만, 그 그림이 우연히 그려졌을 것 같다고 자녀에게 설명하는 것은 옳지 않다고 생각되네요……."

"그렇죠. 아무도 그 그림을 누가 그렸는지 직접 보지는 못했지만, 그것이 사람이 그렸다는 것에 대해서는 누구도 의심하지 않을 거예요. 그럼 여기서 제가 간단한 수학 문제 하나를 내 볼까요?"

"아! 저는 수학을 잘 못 하는데……."

"하하하! 어려운 문제가 아니에요. 이 그림을 한 번 보시겠어요? 우연성에 가까우려면 왼쪽, 다시 말해 점 쪽으로 가야 할까요? 아니면 그림을 기준으로 오른쪽으로 가야 할까요?"

우연성에 근접 ← → 우연성에서 거리가 멀어짐

"그야 당연히 점 쪽으로 가야죠. 그림을 기준으로 오른쪽으로 간다는 것은 그림보다 정교해지기 때문에 우연성에서 거리가 더 멀어지지 않을까요?"

"바로 그거예요. 사람들은 그림 하나도 우연히 그려질 수 없다고 믿어요. 그런데 참 신기하게도 그림보다 더 복잡한 자연, 인간을 포함해 수많은 생명체와 거대한 우주는 우연히 존재했다고 막연하게 믿을 때가 많아요. 그래서 제가 서두에 세상이 우연히 존재했다고 믿는 것은 누군가에 의해 창조되었다고 믿는 것보다 더 큰 믿음이 필요하다고 이야기했던 거예요. 마치 그림이 누군가에 의해 그려졌다고 믿는 것보다 우연히 그려졌다고 믿는 믿음이 더 큰 믿음인 것과 같은 이치죠."

목사님의 이야기를 들으면서 한 번도 고민해 보지 못했던 것들에 대해 생각해 보았다. 그렇다. 하늘과 바다가 없고, 물이 없고, 땅이 존재하지 않는데 생명체가 존재한다는 것은 상식적으로 말이 안 된다. 생명체가 살 수 있는 공간이 반드시 먼저 주어져야 한다. 목사님의 논리대로라면 세상은 인간과 수많은 생명체가 존재하기 이전에 이미 만들어져 있어야 하는 것이 맞다. 이런 생각이 정리되려고 하는 순간에 목사님이 또다시 질문을 던졌다.

> 우연히 존재 vs. 누군가에 의해 존재

"자, 그러면 무엇이 더 상식적이고 논리적이며 이성적이라고 생각하시나요? 이 세상이 우연히 존재했다는 믿음? 아니면 누군가에 의해 존재하게 되었다는 믿음? 둘 중 어떤 것을 선택하겠습니까?"

나는 잠시 망설인 후 대답했다.

"아무래도 저는 후자 쪽이 더 맞는 듯합니다."

솔직히 이것은 부인하기 힘든 부분이었다. 물론 누군가에 의해 세상이 존재하게 되었다는 믿음을 거부할 수도 있다. 그런데 이 순간만큼은 나 자신에게 정직하고 싶었다. 목사님의 말씀처럼 막연하게 더 이성적이고 논리적이며 과학적이라고 생각해 왔던 것들 역시 증명될 수 없는 믿음의 영역이라는 사실을 인정할 수밖에 없었기 때문이다. 아무리 작은 건물도 지은 사람이 없이 존재했다고 말하고 다니면 분명 사람들에게 웃음거리가 되고 말 것이다. 나는 죽었다 깨어나도 이 땅에 존재하는 수많은 생명체의 이름도 다 알지 못할 것이다. 그만큼 많은 생명체는 물론 나와 같은 인간이 우연히 존재했다는 믿음은 누군가에 의해 지음 받았다는 믿음에 버금가는 신앙의 영역임을 결코 부인할 수 없었다. 목사님은 계속해서 말씀을 이어 나갔다.

"제가 아무리 이러한 말을 해도 끝까지 하나님 믿기를 거부하는 사람들도 있어요. 그럴 때는 제가 목사이기는 하지만 솔직히 그분을 위해 기도하는 것 외에 할 수 있는 게 거의 없어요. 저는 하나님이 살아 계심을 증언할 뿐 그것을 믿게 할 수 있는 능력은 없거든요. 그런데 성도님은 제가 하는 말을 진지하고 또 정직하게 반응해 주셔서 얼마나 감사한지 모릅니다."

"아니에요. 별말씀을요. 솔직히 목사님이 말씀하신 것처럼 세상의 시작에 대해 이렇게 진지하게 생각을 해본 적은 별로 없었던 것 같아요. 성도들은 그냥 일방적으로 신앙을 가진 사람들이니까 하나님을 믿는다고 생각했고, 그런 기독교인들이 때로는 한

심해 보이기도 했거든요. 그렇다고 해서 딱히 그들의 믿음을 반박할 수 있는 논리가 있었던 것도 아니었고요. 그냥 막연하게 기독교인들이 믿는 하나님을 거부하고 싶었던 것 같아요."

"성경을 보면 하나님의 살아 계심을 기적적으로 경험한 많은 사람이 등장해요. 그런데 그들 모두가 하나님을 믿는 것은 아니었죠. 성경은 인간이 마음에 하나님 두기를 싫어하기도 한다고 말씀하고 있어요"또한 그들이 마음에 하나님 두기를 싫어하매"_롬 1:28a. 하나님은 생명이라는 선물을 인간에게 값없이 주고자 하시지만, 인간이 그것을 거부할 수 있는 거예요. 어쩌면 이것을 인간의 죄악 된 본성이라고도 할 수 있겠죠."

"죄악 된 본성이라…… 목사님, 늘 궁금했던 것이 있는데요."

나도 모르게 여기저기 처박아 두었던 질문 창고가 하나씩 열리고 있었다.

"성경은 사람들을 다 죄인이라고 말하는데, 솔직히 좀 불쾌할 때가 있어요. 제가 아는 사람 중에는 정말 법 없이 사는 사람들도 있거든요. 또 제가 보기에는 교회에 다니는 사람보다 교회 다니지 않지만 더 선하게 사는 사람들도 많은데 그들도 다 죄인인가요? 가끔 악하게 사는 것처럼 보이는 교인은 천국에 가고 선하게 살아도 예수님을 안 믿으면 지옥에 간다고 하는데 그런 말을 들을 때마다 언짢은 것이 사실이거든요."

"하하하! 당연히 그렇게 생각할 수 있죠. 지금부터 제가 시작하려고 했던 말을 대신 질문해 주셔서 감사합니다."

하나님의 사랑, 인간을 창조하신 동기와 목적

"그전에 지금까지 이야기했던 것을 좀 정리하고 갈까요? 하나님의 존재를 인정하는 믿음을 유有신론적인 믿음이라고 하고, 하나님의 존재를 부정하는 것을 무無신론적인 믿음이라고 하죠. 하나님이 어떤 분이신지 알려면 먼저 그분의 존재를 인정하는 것이 아주 중요해요. 하지만 유신론적인 믿음을 가졌다고 해서 성경이 말하는 구원을 받는 것은 아니에요. 성경이 말하는 구원은 하나님의 존재 여부에 대한 믿음이 아니라 관계적인 믿음, 즉 하나님과 인격적인 관계가 형성될 때 주어지는 것이에요."

"그렇다면 하나님과 인간은 어떤 관계였나요? 그리고 하나님은 인간을 왜 창조하셨죠? 또 성경은 왜 꼭 예수님을 믿어야만 영원한 생명을 얻을 수 있다고 하는 거죠?"

'에라 모르겠다'라는 마음으로 그동안 쌓아 놓았던 질문을 마구 쏟아 냈다. 그도 그럴 것이 지금까지 누구 한 사람 이런 궁금증에 대해 이해하기 쉽게 설명해 준 적이 없었다. 나는 늘 마음속으로 혼자 고민하고 혼자 어설프게 결론을 내리면서 지내왔었다.

"하나님께서 인간을 창조하신 동기와 목적은 바로 '사랑'이에요. 하나님의 사랑이 동기가 되어 인간이 창조되었다고 할 수 있죠. 혹시 아내분과 처음 만났을 때를 기억하시나요?"

목사님의 질문에 이온 음료의 광고 모델처럼 청순했던 아내의 첫인상이 떠올랐다. 물론 지금은 세월의 흔적이 고스란히 느껴지는 아줌마가 되어 있지만, 나는 아내를 처음 본 순간 사랑하게 되었고 결혼까지 하게 되었다. 물론 쉬운 선택은 아니었다. 하지만 아내에 대한 사랑이 함께하고자 하는 마음으로 이어진 것만은 분명하다.

"당연히 기억나죠. 첫눈에 '아, 저 사람이 내 아내가 되면 좋겠다'라고 생각할 만큼 예뻤거든요. 물론 지금은…… 하하하."

"지금은 더 아름다우시죠. 하하하."

목사님도 함께 웃으시더니 계속 말씀을 이어갔다.

"맞아요. 사랑은 누군가와 함께하고 싶도록 만들죠. 두 분이 만나 결혼까지 하게 된 동기는 서로에 대한 사랑 때문일 겁니다. 그뿐만 아니라 두 분 사랑의 결과로 두 딸과 아들이 존재하게 된 것이고요. 하나님도 그렇습니다. 가끔 하나님은 감성도 없는 나무나 돌로 만든 우상 정도로 생각하는 사람들이 있는데 그렇지 않아요. 하나님은 인간을 사랑하셨고, 함께하길 원하셨어요. 그 사랑이 있었기에 인간이 창조될 수 있었던 거예요. 다시 말해 하나님의 사랑의 결과가 바로 우리 인간입니다. 그런데 문제가 생겼어요. 인간이 영원한 생명에서 단절되어 버린 거예요."

성경이 말하는 죄와 죄인의 정의

"이쯤에서 성경이 말하는 '죄'와 '죄인'의 정의에 대해 정리를 할 필요가 있을 것 같네요. 하나님은 세상을 창조하실 때 눈에 보이는 세계와 눈에 보이지 않는 세계를 창조하셨어요. 사실 눈에 보이는 세계도 많지만 눈에 보이지 않는 세계가 더 많아요. 하나님은 눈에 보이지 않는 것 가운데 '법칙'이라는 것을 만드셨죠. 여기에는 여러 법칙이 있지만 인간에게 직접적인 영향을 미치는 법칙 중 하나가 바로 '생명과 죽음의 법칙'이에요. 이 법칙은 생명과 연결되어 있을 때는 생명을 유지할 수 있지만 생명에서 단절되면 죽게 되는 원리이죠. 예를 들어 물고기는 물에서 나오면 살까요? 죽을까요?"

"당연히 죽죠."

나는 이렇게 쉬운 것을 질문이라고 하나 싶은 마음에 곧바로 대답했다.

"맞아요. 죽게 돼요. 그렇다면 물에서 나온 물고기는 왜 죽을까요?"

잠시 고민이 되었다.

"숨을 못 쉬니까 죽는 거 아닐까요?"

나의 목소리가 작아지고 있음이 느껴졌다.

"그렇다면 물고기는 왜 물에서 나오면 숨을 못 쉴까요? 우리는 쉴 수 있는데 말이죠."

"그러게요……."

"대답은 의외로 간단해요. 물고기는 처음부터 물에서 나오면 숨을 쉴 수 없도록 만들어졌기 때문이에요. 물고기는 물이라는 생명을 떠나게 되면 죽게 돼요. 나무가 흙을 떠나면 죽게 되는 것도 같은 이치이고요. 이처럼 모든 살아 있는 생명체는 반드시 자신들에게 생명을 주는 그 어떤 것과 연결되어 있어야 해요. 왜냐하면 만일 그것에서 분리되면 자신의 의지와 상관없이 죽음이라는 결과가 찾아오기 때문이죠."

모든 생명체가 자신에게 생명을 주는 것에 붙어 있을 때는 생명을 유지할 수 있지만 분리되면 죽게 되는 것은 사실이다. 나는 동의할 수밖에 없었다.

"그렇군요."

"인간도 마찬가지예요. 인간도 생명의 공급처가 있어요. 성경은 인간에게 생명을 주는 근원을 하나님이라고 말해요 "네 하나님 여호와를 사랑하고 그의 말씀을 청종하며 또 그를 의지하라 그는 네 생명이시요"_신 30:20a. 사람이 누구는 죽고 누구는 죽지 않는다면 모를까 모든 사람이 마치 약속이나 한 것처럼 일정한 삶을 살다가 죽는다는 것은 모든 사람이 물에서 분리된 물고기와 같이 생명을 주는 그 어떤 것에서 분리되었음을 반증하는 것이라 할 수 있어요. 인간의 삶을 보면 마치 꺾인 꽃의 모습과 비슷해요. 꽃이 가지에서 꺾이면 죽음이 찾아오죠. 물론 꺾이자마자 곧바로 죽지는 않아요. 수분이 남아 있기 때문에 처음에는 시간이 지날수록 오히려 더 활짝 피기도 하죠. 그런데 잠시 활짝 핀 이후 시들게 되고 결국 '바스락'거리는 소리와 함께 사라집니다. 생명에서 단절된 인간의 모습도 이와 같아요. 사람은 태어나면 평생 살 것처럼 뭔가를 움켜쥐려고 해요. 그리고 20~30대가 되면 아름다운 꽃처럼 최고의 시간을 보내죠. 그러다 40~50대가 되면 그 아름다움이 꺾이게 되고, 60, 70, 80이 되면서 점점 말라져 가요. 그러다 이내 '바스락'거리며 사라지는 꽃처럼 한 줌의 흙으로 돌아가게 되죠."

썩 유쾌한 이야기는 아니었다. 조금 속상하기도 했다. 하지만 진지하게 생명과 죽음에 대해 생각해 보니 그 말을 인정할 수밖에 없었다. 아무리 아름다운 사람도 시간이 지나면 말라비틀어진 꽃처럼 시들기 마련이기 때문이다. 그렇게 시들며 이 땅을 떠나는 존재가 사람 아니던가! 요즘 들어 나의 육체도 조금씩 시들어 가고 있다는 것을 느끼고 있어서 인지 나도 모르게 고개를 끄덕이고 있었다.

목사님의 이야기는 계속 이어졌다.

"하나님이라는 생명의 근원에서 분리된 인간은 죽음이라는 결과를 피할 수 없는 존재가 되어버렸죠. 이쯤에서 처음 저에게 '왜 성경은 모든 사람을 죄인'이라고 하냐고 질문했던 것에 대한 답을 드릴게요. 성경이 말하는 '죄'의 정의는 '생명에서 분리된 상태'를 말해요. 생명에서 분리되면 어떤 결과가 주어진다고 했죠?"

"죽게 되죠."

"예외가 있을까요?"

"생명에서 분리되면 시간의 차이는 조금 있겠지만 죽음이라는 결과를 얻게 되는 것은 똑같겠죠. 예외는 없어요."

"그렇습니다. 성경은 생명에서 분리된 상태를 '죄'라고 하고, 생명에서 분리되어 죽음이라는 결과를 피할 수 없는 사람을 '죄인'이라고 말해요. '모든 사람은 죽는다'라는 말은 '모든 사람은 생명에서 단절된 죄인이다'라는 말과 같은 의미입니다. 성경이 모든 사람을 죄인이라고 말하는 이유가 바로 이 때문이죠. 이것을 다르게 표현하면 '모든 사람은 생명에서 단절되었기 때문에 죽음을 피할 수 없다'라고 말할 수 있을 것입니다. 이것이 성경이 말하는 '죄인'의 정의입니다."

"그렇다면 성경의 논리는 착한 사람도 악한 사람도, 법 없이 사는 사람도 모두 죽음이라는 결과를 피할 수 없는 존재이기에 다 '죄인'이라고 말한다는 거네요."

내가 말해놓고도 내가 놀랐다.

"와우! 맞아요. 그것이 바로 성경에서 말하는 죄인의 정의예요. 세상이 가지고 있는 논리는 윤리, 도덕, 법을 지키지 않아 감옥에 있는 자를 죄인이라고 해요. 그리고 감옥 밖에 있는 사람은 죄인이 아니라고 하죠. 그러나 성경은 '네가 생명에서 분리되었다면 너는 죽음을 피할 수 없는 죄인이야'라고 말하죠. 이 세상에 죽음을 경험하지 않은 사람이 있었을까요?"

"아니요, 없습니다."

"맞아요. 그렇기 때문에 성경의 기준으로 볼 때 모든 사람은 다 죽음 아래 절대적인 영향을 받는 '죄인'인 거예요."

"그렇군요."

솔직히 이번에도 썩 유쾌하지는 않았지만 뭐라고 반박하는 것이 쉽지 않았다. 생명에서 분리된 상태가 '죄'이고, 그래서 죽음이라는 운명을 피할 수 없는 존재를 '죄인'이라고 한다면 모든 사람이 죄인이라는 사실을 누가 부인할 수 있겠는가!

"그러므로 모든 사람은 죄인입니다."

단호한 목사님의 말이 마치 판결문처럼 다가왔다. 법정에서 판사가 '유죄'라고 선고하듯 말이다.

인간에게 찾아온 세 가지 죽음

"그럼, 이제 어떻게 해야 하나요?"

"모든 사람이 성도님과 같은 질문을 할 수 있었으면 좋겠어요. '그럼 이제 어떻게 해야 합니까?'라는 질문 말이에요. 사랑이 동기가 되어 인간을 창조하신 하나님은 생명에서 단절된 인간을 다시 살리기로 결정하셨어요. 그것을 성경은 '구원'이라고 하죠. 구원에 대해 설명하기 전에 '죽음'에 대해 정리를 하고 가는 것이 좋겠네요. 하나님이라는 생명에서 단절된 인간에게 죽음이라는 결과가 찾아 왔는데, 성경은 인간에게 찾아온 죽음을 세 가지로 분류해요."

"세 번 죽는다는 말인가요?"

"아니요. 인간에게 찾아온 죽음이라는 뚜껑을 열어보니 세 종류의 죽음이 있었다는 이야기예요. 첫째는 말 그대로 생명 되신 하나님과의 관계에게 완전히 단절되어 버린 것을 말해요. 성경은 이것도 죽음이라고 말하거든요. 둘째는 생명에서 단절된 인간이 영원한 음부, 즉 지옥의 고통을 피할 수 없게 되었죠. 지옥은 하나님과 영원히 단절된 곳이기에 성경은 이 또한 죽음이라고 말하고 있어요. 마지막으로 우리의 몸이 한 줌의 흙으로 돌아가는 죽음을 말해요. 성경은 이 세 가지를 모두 '죽음'이라고 하는데, 한마디로 정리하자면 인간이 하나님에게 분리된 이후 부분적으로 죽은 것이 아니라 완전히 죽는 존재로 전락해 버렸다는 의미인 거죠. 성경은 이렇게 완전히 죽어버린 인간이 다시 살아나는 것을 구원이라고 말해요. 그래서 구원은 생명의 문제인 거예요. 누가 생명을 주느냐에 따라 생명의 특징이 결정된다는 말이죠. 성도님은 지금 살아 있습니다. 그렇죠?"

"그렇죠."

"하지만 죽어 가고 있습니다. 인정하시나요?"

"썩 유쾌하지는 않지만 그런 것 같습니다."

"이 모든 것이 우리 안에 있는 생명 때문이에요. 성도님이라는 존재를 만들어 낸 것은 부모님의 씨입니다. 다시 말해 아버지의 씨가 어머니에게 심어져 성도님이 만들어졌다는 이야기예요. 일차적인 생명은 육신의 부모로부터 물려받은 거죠. 그런데 부모님의 씨가 만들어 낸 '나'라는 생명의 특징은 유한하고 한계가 있을 뿐 아니라 질병과 죽음 앞에 취약해요. 인정하기 싫겠지만 성도님이 사랑하는 세 자녀도 정해진 시간을 살다가 사라질 것입니다. 유한한 씨는 유한한 생명밖에 만들어 내지 못하기 때문이죠. 그렇다면 영원한 생명은……"

"영원한 씨를 가진 분만이 만들어 낼 수 있다는 말씀인가요? 그리고 그분이 바로 영원한 생명을 가지고 있는 하나님이라는 것이고요."

"맞아요. 그거예요. 영원한 생명은 영원한 생명의 씨를 가진 분만이 주실 수 있어요. 영원성을 가지고 있는 분만이 인간에게 영원한 생명을 줄 수 있는 것이죠. 그래서 기독교는 다른 종교 창시자들이 말한 구원을 거부하는 거예요. 다른 종교를 믿는 사람들이나 그 종교의 창시자를 미워하는 것이 아니에요. 그들이 가진 교훈이나 도덕적인 부분 중에는 배워야 할 것도 있어요. 단지 그들이 아무리 착하고 선해도, 혹 그들이 말하는 도덕적 가치가 아무리 뛰어나도 그것이 결코 인간에게 영원한 생명을 줄 수 없다는 사실을 이야기할 뿐이에요. 왜냐하면 죽음의 지배를 받는 유한한 씨를 가진 자가 다른 사람에게 영원한 생명을 준다는 것은 불가능하기 때문이죠. 그래서 기독교는 다른 종교에서 말하는 구원, 즉 그들이 말하는 구원이 영원한 생명을 의미하는 거라면 더더욱 거부하는 거예요."

"그렇다면 교회가 주장하는 것은 다른 종교 자체를 싸잡아 나쁘다고 말하는 것이 아니라, 그 종교 창시자들도 유한한 생명을 가진 자들일 뿐 우리에게 영원한 생명을 줄 수 있는 능력은 없다고 말하는 것이네요."

"맞아요. 영원성을 가진 존재만이 영원한 생명을 줄 수 있는 자격이 있거든요."

"어휴 목사님, 벌써 시간이 이렇게 됐네요. 얼른 집에 가서 가족과 함께 저녁 먹어야 하는데……."

"정말 가정적이시네요."

"하하하. 그런가요? 사실 저는 아내에게 고마운 게 많아요. 그리고 두 딸과 아들도 저에게는 참 쉼이 되고요."

"그래요. 우리의 첫 만남은 여기서 마치고 다음 주에 다시 만나죠. 다음 주에는 오늘 다 나누지 못한 영원한 생명인 구원에 대해 정리하도록 할게요. 참, 혹시 집에 화분이 있나요?"

"화분이요?"

"네, 화분이요. 어떤 것이든 상관없어요."

"음……. 딱히 화분이라고 할 것까지는 없고……."

나는 어제 큰 딸이 학교에서 콩을 심은 작은 화분을 들고 집에 온 것이 생각이 났다.

"큰 딸이 학교에서 학습한 거라면서 콩을 심은 작은 화분 하나를 들고 온 것이 있긴 해요."

"아주 좋네요. 그 화분에 심어진 콩이라는 작은 씨앗이 어떻게 자라고 있는지 한 번만 보고 오시면 좋을 것 같아요."

"네, 알겠습니다. 오늘 감사했어요."

뭔가 모를 시원한 마음을 가지고 집으로 돌아왔다. 아내는 목사님과의 만남이 어땠냐고 물었지만 나는 특별한 이야기를 하지 않았다. 왜냐하면 계속해서 목사님과 나눴던 이야기에 대해 생각하고 있었기 때문이다.

씻고 나와서는 큰 딸이 학교에서 가지고 온 화분을 찾아 봤다. 딸아이 책상 위에 올려져 있는 화분에 아주 작은 싹이 움트고 있었다. '콩을 심은 지 얼마 안 된 것 같은데 빌써 싹이 나왔네!'라는 생각을 하며 다시 거실로 나와 오랜만에 두 딸과 아들의 재롱을 보며 행복한 시간을 보냈다. 늘 느끼는 것이지만 가족은 내게 가장 큰 쉼이다.

2

두 번째 만남

복음을 말하다

> 이스라엘 역사가 나와 무슨 상관이 있나요?

"한 주간 평안하셨나요?"

지난주에 뭔가 특별한 이야기를 나눠서일까? 오늘이 겨우 두 번째 만남인데도 그다지 어색하지 않았다.

"네, 잘 지냈어요. 목사님도 잘 지내셨나요?"

"물론 저도 잘 지냈습니다."

"목사님, 오늘 말씀하실 주제로 들어가기 전에 먼저 질문하나 해도 될까요?"

"그럼요. 얼마든지요."

"가끔 저에게 '성경은 이스라엘의 역사이고 그곳에서 일어난 사건인데, 대한민국에 사는 우리와 무슨 상관이 있지?'라는 질문을 하는 사람들이 있어요. 물론 저도 그 부분이 궁금하기도 하고요."

"그러셨군요. 음…… 만일 사랑하는 아내가 불치병에 걸렸다고 가정해 보죠. 아내를 고칠 수 있는 백신이 대한민국에는 없는데 유일하게 미국에서 개발되었다는 소식을 듣게 된다면 그곳에서 개발된 백신은 미국 사람들에게만 희소식이 아니라 그 병을 앓고 있는 세계 모든 사람에게 직접적인 기쁨의 소식이 될 거예요."

"그렇죠."

"마찬가지예요. 나라와 인종 여하를 불문하고 모든 인간이 '죽음'이라는 불치병에 걸려 있어요. 그런데 하나님께서 한 나라와 한 민족을 선택하셔서 그곳에서 죄와 죽음을 이기고 살 수 있는 길을 허락해 주셨어요. 그렇다면 이 소식은 죽음이라는 결과를 피할 수 없는 모든 사람에게 희소식이겠죠?"

"아…… 그렇군요. 그런 관점에서 본다면 하나님이 우리를 찾아오신 사건은 단지 이스라엘의 역사뿐 아니라, 자신이 죄인임을 인정하며 구원을 바라는 모든 사람과 직접적인 연관이 있는 사건이라고 할 수 있겠네요."

'우리나라 역사도 다 모르는데 꼭 이스라엘 역사까지 알아야 하나?'라는 생각이 있었다. 하지만 이스라엘에서 일어난 예수님의 이야기는 비단 이스라엘만의 역사가 아니라 죽음 아래 있는 모든 자에게 직접적으로 연관성이 있는 역사라는 말에 동의하게 되었다.

나름 목사님을 좀 당황 시켜 볼까 하는 마음으로 준비해 온 질문이었는데 오히려 목사님의 설명을 듣고 나니 정리가 잘 된 기분이 들었다.

다시 살리기로 결정하신 하나님

"질문에 설명이 좀 되었나요?"

"네. 명쾌하게 이해가 되네요."

"그럼, 이제 오늘 대화의 주제로 들어가 볼게요. 혹시 지난주에 나눴던 이야기는 기억하시나요?"

지난번에도 그러더니 이번에도 짧게 인사를 주고받고는 곧바로 본론으로 들어간다. 그럴 때마다 조금 당황스럽기도 하지만 그래도 나는 이러한 모습이 더 마음에 들었다.

'모든 사람은 공사가 마무리된 세상을 만난다. 그리고 이미 만들어진 세상을 보고 이것이 우연히 존재했다고 믿을 것인지, 아니면 누군가에 의해 만들어졌다고 믿을 것인지에 대해 선택하라'는 목사님의 말씀이 불현듯 떠올랐다. 나는 시간이 지나면서 진화론이 종교라는 이름만 안 붙었을 뿐 완전한 신앙의 영역이라는 사실에 동의할 수밖에 없었다.

광활한 우주, 아니 우주까지 갈 것도 없이 내가 몸담고 살아가는 이 땅의 수많은 생명체의 신비로움을 보고도 조물주를 부인한다는 것은 또 다른 신앙임이 틀림없다. 내가 오늘 두 번째 만남에 나온 것 역시 모든 것이 다 이해되지는 않지만, 그런 하나님에 대해 좀 더 알고 싶은 마음이 컸기 때문이다. 목사님의 질문에 잠시 생각을 한 뒤 이야기를 했다.

"네…… 뭐…… 완전히 다 기억나지는 않지만, 조금은 기억이 나요."

"좋아요. 그럼 지난주 우리가 마무리 짓지 못한 내용이 있었죠? 바로 생명과 죽음에 대한 주제이죠. 인간이 하나님의 생명에서 단절되면서 죽음이 찾아 왔다고 했는데, 혹시 몇 가지 죽음이 찾아 왔다고 했는지 기억하시나요?"

"세 종류였던 것 같아요."

나의 어머니의 죽음, 그리고 친한 친구 어머니의 투병으로 인해 한동안 죽음에 대해 생각하고 있었던 터라 생명과 죽음에 대한 내용은 특별히 더 생생하게 기억났다.

"먼저는 하나님의 생명에서 분리된 상태를 죄라고 하는데, 인간이 이 생명 되신 하나님에게서 분리되는 것 자체가 첫 번째 죽음이고, 두 번째는 영원히 하나님과 분리된 상태로 살아가야 하는 지옥의 삶이며, 마지막은 실제로 우리 육체가 한 줌의 흙으로 돌아가는 죽음인데 하나님의 생명에서 단절된 인간은 부분적 죽음이 아닌 완전히 죽는 존재가 되었다고 말씀하신 것으로 기억합니다. 성경은 이렇게 하나님에게서 분리되어 죽음이라는 결과를 피할 수 없는 사람을 죄인이라고 부른다고 하셨고요."

내가 말해 놓고 나 자신도 놀랐다. 이 정도면 정말 정리를 잘한 거 아닌가? 서울에 있는 괜찮은 대학에 들어갈 정도로 나름 공부를 했고, 특히 암기력만큼은 자신 있던 나였다. 그런데 유독 성경 이야기는 잘 기억에 남지 않았다. 어쩌면 그동안은 귀를 막고 듣지 않으려고 했기 때문일지도 모르겠다. 대부분의 사람은 자기가 듣고 싶은 것만 들으려는 경향이 있으니까……. 어찌 되었든 한 주전에 나눴던 것들을 잘 기억하고 있다는 사실에 스스로 뿌듯했다.

"와우! 정말 놀랍네요. 한번 설명했던 내용을 이렇게 정확하게 기억하는 분을 정말 오랜만에 만난 것 같아요. 맞아요. 인간이 경험하는 죽음에 대해 잘 설명해 주셨어요."

"그렇게 말씀해 주시니 조금 쑥스럽네요."

"쑥스럽긴요. 사실인걸요. 하나님의 사랑이 동기가 되어 창조되었던 인간이 생명에서 단절되었지만 하나님은 인간을 다시 살리기로 결정하셨어요. 그것을 성경은 '**구원**'이라고 하죠. 하나님은 단절된 인간에게 찾아오셔서 당신의 영원한 생명을 주기로 계획하셨어요. 그 계획이 실행에 옮겨진 것이 바로 하나님이신 예수님이 인간의 몸을 입고 이 땅에 오신 사건이에요. 그런 의미에서 성경은 '생명', 즉 '영원한 생명'에 대한 이야기라고도 할 수 있어요. 물론 인간에게도 생명이 있어요. 하지만 그 생명은 유한하고 약하죠. 시간 속에 약해지고, 죽음 앞에서는 절망적인 것이 인간이 가지고 있는 생명이라는 씨의 특징입니다. 이것은 인간이 생명에서 끊어졌다는 증거이기도 하고요. 이런 인간에게 하나님의 영원한 생명의 씨가 심어지게 되는데 성경은 이것을 구원이라고 해요. 이렇게 영원한 하나님의 생명이 사람에게 들어오게 되면 세 가지의 구원이 일어나게 되죠."

"혹시 세 가지의 죽음과 관련 있는 건가요?"

나는 목사님의 대화에 적극적으로 참여하고 있었다. 아무래도 복습과 예습의 결과인 듯하다.

"네, 맞아요. 영원한 생명이 들어오게 되면 영원한 하나님과의 관계가 회복되죠. 성경은 이것을 신분의 변화라고 해요. 하나님을 아버지라 부를 수 있게 되었다는 것이죠"영접하는 자 곧 그 이름을 믿는 자들에게는 하나님의 자녀가 되는 권세를 주셨으니"_요 1:12. 이것이 첫 번째 구원이에요. 둘째는 음부, 즉 영원한 죽음에서 생명으로 옮겨지게 돼요"내가 진실로 진실로 너희에게 이르노니 내 말을 듣고 또 나 보내신 이를 믿는 자는 영생을 얻었고 심판에 이르지 아니하나니 사망에서 생명으로 옮겼느니라"_요 5:24. 이것을 흔히 죽어서 천국에 가는 구원으로 이해하기도 하죠. 마지막으로 우리의 육체가 썩지 않는 몸을 덧입게 돼요"나팔 소리가 나매 죽은 자들이 썩지 아니할 것으로 다시 살아나고 우리도 변화되리라 이 썩을 것이 반드시 썩지 아니할 것을 입겠고 이 죽을 것이 죽지 아니함을 입으리로다"_고전

15:52-53. 완전히 죽었던 인간에게 완전한 회복, 즉 구원이 일어나게 되는 것이죠."

"썩지 않는 몸을 덧입게 된다고요?"

나는 하나님을 아버지라 부르게 된다는 것과 음부에서 생명으로 옮겨진다는 것에 대해서는 자주 들어서인지 그다지 거부감이 들지 않았다. 그런데 썩지 않는 몸을 덧입는다는 말은 처음 들어서 재차 물었다.

"네, 썩지 않는 몸을 덧입게 돼요."

"어떻게 그럴 수 있죠?"

"혹시 지난번 헤어질 때 집에 화분이 있는지 물어보았던 거 기억하시나요?"

"네, 딸아이기 학교에서 방과 후 학습 때 실습한 기라며 콩을 심은 작은 화분 하나를 가져온 것이 있더라고요."

"화분을 관찰해 보셨나요?"

"네."

"어떻던가요?"

"뭐…… 그냥 화분이 다 그렇죠."

"그러면 제가 잘 보고 오셨는지 한번 점검해 봐도 될까요? 좀 전에 화분에 무엇을 심었다고 하셨죠?"

"콩이요."

"그렇다면 콩을 심으면 뭐가 나오죠?"

"당연히 콩이 나오죠. 팥을 심으면 팥이 나오고요."

"콩을 심으면 콩이 나오질 않아요. 콩을 심으면 작은 싹이 나오죠."

나는 헛웃음이 나왔다. 하지만 목사님의 눈빛은 진지했다.

"많은 사람이 콩을 심으면 콩이 나온다고 생각하는데 싹이 나옵니다. 콩을 심은 자리를 파 보면 콩 모양은 이미 사라지고 없죠. 그 콩 안에 있는 작은 생명이 뚫고 나와 만들어 낸 전혀 새로운 모양인 싹이 나오는 거죠."

처음에는 헛웃음을 쳤지만 이번에도 목사님의 이야기가 맞다고 인정할 수밖에 없었다. 물론 나중에는 콩이라는 열매가 맺히긴 하겠지만, 일단 제일 먼저 작은 싹이 나오는 것은 분명한 사실이니까.

"제가 이 이야기를 하는 이유가 있어요. 우리 안에 어떠한 생명이 심어지느냐에 따라 우리의 존재 자체가 결정돼요. 성도님의 몸은 아버지에게 있는 정자라는 아주 작은 생명의 씨가 어머니 몸에 있는 난자에 심어져 만들어진 것이죠. 아버지의 생명의 씨는 결국 성도님이라는 몸을 만들어 냈죠. 다시 말해 씨는 모양을 결정짓는 거예요. 바울은 이 부분을 고린도전서 15장에서 아주 구체적으로 설명해 주고 있어요. 혹시 죽었다가 다시 살아나는 것을 뭐라고 하는지 아세요?"

이제는 수시로 질문하는 목사님의 스타일이 놀랍지도 않다.

"죽었다가 다시 살아나는 거라면…… 부활 아닌가요?"

"아니에요. 죽었다가 다시 살아나는 것은 그냥 죽었다가 다시 살아났다고 이야기해요."

그런 대답을 할 거면 뭐 하려고 질문을 하셨냐고 되묻고 싶었지만 일단 참고 다음 이야기를 기다렸다.

"부활은 하나의 전제 조건이 더 있어야 해요. 죽었다가 살아서 영원히 살아 있어야 하는 거죠. 성경을 보면 죽었다가 다시 살아난 경험을 한 사람들의 이야기가 심심찮게 등장해요. 몇 사람만 이야기하면 사르밧 과부의 아들_왕상 17:17-22_, 회당장 야이로의 딸_막 5:21-24, 35-42_, 나사로_요 11:14-44_. 하지만 성경은 그러한 사건을 '부활'이라고 말하지 않았어요. 성경은 가장 먼저 부활하신 분을 예수님이라고 말씀하고 있어요_"그러나 이제 그리스도께서 죽은 자 가운데서 다시 살아나사 잠자는 자들의 첫 열매가 되셨도다"_고전 15:20_. 왜냐하면 예수님은 죽었다가 살아났고 지금도 살아 계시기 때문이에요. 예수님의 이 부활의 사건은 무척이나 중요해요. 기독교에서 궁극적으로 믿고 소망하는 것이 바로 예수님의 부활 사건이기 때문이에요. 이 부활 사건이 없었다면 기독교는 아무런 의미가 없답니다."

잠시 침묵이 흘렀다. 한꺼번에 쏟아져 나온 이야기가 잘 정리가 되지는 않았지만 나름대로 이해해 보려고 애쓰는 중이다.

"성경은 죽은 자가 다시 살 수 있게 되었다는 기쁜 소식을 '복음'이라고 해요. 그리고 성경은 크게 두 가지의 복음을 이야기하는데 하나는 '십자가의 복음'이고, 다른 하나는 '부활의 복음'이에요. '십자가의 복음'이 인간을 지배하던 죄와 죽음의 권세가 파괴되었다는 기쁜 소식이라면, '부활의 복음'은 죄와 죽음에서 자유롭게 된 자는 부활하신 예수님과 같은 생명을 가지게 된다는 소식이에요."

"잠시만요, 그러니까 목사님의 말씀은 인간이 죽지 않고 부활하신 예수님과 같은 몸을 가지고 다시 살아난다는 말씀인가요?"

"네, 맞아요."

"우리 몸은 늙거나 병들거나 사고로 죽는데 어떻게 죽지 않는 몸을 가질 수 있다는 건가요?"

나는 조금 흥분하고 있었다. 왜냐하면 사랑하는 어머니와의 이별이 큰 고통이기도 했지만, 할 수만 있다면 사랑하는 나의 아내와 두 딸, 그리고 아들과는 이별하지 않았으면 하는 무모한 꿈을 꿔봤기 때문이다.

"바울이 이 복음을 전했을 때 많은 사람이 성도님과 같은 반응을 했어요. 이때 바울이 예로 들었던 것이 바로 '작은 씨 안에 담긴 생명의 비유'였어요. 즉, 어떤 씨가 심어졌는지에 따라 모양이 결정된다는 논리이죠. 먼저 바울은 식물의 비유를 했어요. 제가 질문을 하나 더 해보죠. 만일 포도 열매를 얻고 싶어 포도 씨를 심으면 뭐가 나올까요?"

속으로 '한 번 속지 두 번 속겠냐'라는 마음으로 이야기했다.

"포도나무의 싹이 나오겠죠."

"이번에는 안 속으시네요. 맞아요. 우리가 보기에 사과 씨나 포도 씨나 배 씨는 모양이 비슷해 보여요. 하지만 심으면 전혀 다른 모양의 나무가 만들어지죠. 포도 씨는 포도나무의 모양을, 사과 씨는 사과나무의 모양을, 그리고 배 씨는 배나무의 모양을 만들어 내죠. 포도 씨가 배나무 모양을 만들어 낼 거라고 기대하는 사람은 아무도 없을 거예요. 겉으로 보기에는 평범한 씨 같아 보이지만 전혀 다른 모양이 나오는 것은 그 씨 안에 담겨 있는 모양이 각각 다르기 때문이에요. 성경은 이러한 이유를 하나님께서 만물을 창조하실 때 작은 씨 안에 각각 나무의 형체를 넣어 주셨기 때문이라고 말하죠"하나님이 그 뜻대로 그에게 형체를 주시되 각 종자에게 그 형체를 주시느니라"_고전 15:38. 이것을 지금 우리 식으로 표현하자면, 모양을 결정짓는 DNA를 씨마다 정해 주셨다고 하면 이해가 쉬울 거예요. 그래서 사람들은 어떤 씨를 심든지 그대로 거둔다는 법칙을 믿는 거예요. 벼 모종을 심었는데 보리를 거둘 거라고 믿는 사람은 없겠죠? 벼 모종을 심으면 반드시 벼 이삭을 거둘 거라고 믿는 거죠."

"그렇죠."

"바울이 부활에 관해 이야기하면서 들었던 두 번째 비유는 육체의 씨예요. 바울은 많은 생명체가 각각의 육체를 가지고 있다고 말했어요. 예를 들면 물고기는 물고기의 몸을, 새는 새의 몸을, 짐승은 짐승의 몸을, 그리고 사람은 사람의 몸을 가지고 있다고 말했죠. 모두 육체인 것은 분명하나 모양이 다르다는 거예요. 이것 역시 씨에 의해 결정이 되는 것이죠. 새의 씨가 심어지면 새의 몸이 만들어지고, 강아지의 씨가 심어지면 강아지의 몸이 만들어지죠. 그렇다면 사람의 씨는……"

"사람의 몸을 만들어 내겠죠."

"맞아요. 혹 강아지가 컨디션이 아주 좋은 상태에서 암컷에게 씨를 심었다고 해서 강아지에게서 사람이 나온다거나, 사람이 컨디션이 정말 좋지 않은 상황에서 씨를 심었다고 해서 반대로 사람에게서 강아지가 나오는 법은 없죠. 왜냐하면 육체의 모양은 컨디션에 의해 좌우되는 것이 아니라 씨에 의해 결정되기 때문이에요."

아주 단순한 논리다. 씨에 의해 모양이 결정된다는 것!

"바울은 이러한 논리를 가지고 계속해서 이야기하고 있어요.

인간의 생명이 심어지면 병들고 약해져서 결국 죽게 되는 유한한 몸을 만들어 내겠지만, 죽음을 이기고 부활한 예수님의 생명이 심어지면 썩지 않고 병들지 않는 영원한 몸을 만들어 낸다고 말이에요."

"그러니까 예수님께서 죽지 않고 부활하셨으니 그분의 생명을 가진 사람들은 예수님과 같은 부활의 몸을 가지게 된다는 말씀인가요?"

"맞아요. 성도들 가운데 예수님께서 어떤 몸으로 부활하셨는지 물으면 정확하게 대답하는 사람이 별로 없어요. 막연하게 그냥 부활했다고만 생각을 하죠. 예수님이 어떤 몸으로 부활하셨으며, 그 부활이 어떤 의미가 있는지 정확히 이해하지 못하는 사람이 많은 것 같아 안타까워요."

"그렇다면 예수님의 부활은 어떤 의미가 있는 건가요?"

"그전에 예수님께서 부활하셨을 때 입었던 육체, 즉 몸에 대해 좀 더 설명해 볼게요. 고린도전서 15장 44절을 보면 "육의 몸이 있은즉 또 영의 몸도 있느니라"는 말씀이 있어요. 예수님께서 부활하실 때 입으신 몸은 바로 육의 몸이 아니라 영의 몸이라는 거예요. 성도님과 제가 입고 있는 이 몸을 육의 몸이라고 하죠. 육의 몸은 늙고, 병들고 결국 한 줌의 흙으로 돌아가게 되고요. 그러나 부활하신 예수님은 이 육의 몸이 아니라 죽음을 초월한 영의 몸을 덧입으셨고, 당신의 생명이 심어진 모든 자에게 그 영의 몸을 똑같이 입혀 주실 거라고 약속하셨어요. 우리는 이 사실을 믿는 자들이에요."

목사님의 말씀은 확신에 차 있었다.

"저를 포함해 모든 성도가 바로 이 부활의 생명을 믿고 있어요. 부모의 생명이 심어질 때 육의 몸이 만들어진다는 것을 믿듯 성도들 역시 죽음을 이기고 부활하신 예수님의 생명이 심어지면 죽지 않는 영의 몸이 만들어질 거라는 사실을 믿고 있어요. 성경이 말하는 구원의 완성이 바로 여기까지입니다. 많은 성도가 죽으면 천국 가는 것만을 '구원'이라고 생각하죠. 하지만 성경은 신분이 바뀌어 하나님을 아버지라 부르게 된 것도 구원이라고 말하고, 음부에서 생명으로 옮겨진 것도 구원이며, 마지막 예수님이 다시 오시는 그날 우리가 썩지 않는 몸을 덧입게 되는 것도 구원이라고 해요. 흔히 썩지 않는 몸을 덧입게 되는 것을 영광스러운 구원의 완성이라고 부르기도 하죠. 그것이 바로 부활에 담긴 의미인 거예요."

"그러니까 목사님의 말씀은……, 목사님을 포함해 기독교에서 말하는 구원과 신앙이란 죽어 가는 육신의 몸을 입고 살아가는 인간에게 하나님께서 영원한 생명을 주셨는데, 그 영원한 생명의 씨를 가진 유일한 분이 예수님이란 말이죠. 그리고 그분의 생명이 심어진 자들은 결국 예수님과 같은 부활의 몸이 주어진다는 거네요."

"네, 맞아요. 바로 그거예요. 역시 성도님은 깨닫는 지혜가 탁월하세요."

"이 사실을 믿고 안 믿고는 저마다의 선택이겠지만 적어도 교회를 다니고 예수님을 믿는다는 사람들은 모두 이 믿음을 가진 사람들 이라는 말이죠?"

"네, 그렇죠."

"그런데 목사님, 조금 전에 썩지 않는 영의 몸을 덧입는 날을 마지막 날이라고 하셨는데 그것은 무슨 말인가요?"

"정말 중요한 질문이에요. 예수님의 생명이 우리 안에 들어오면 하나님의 자녀라는 신분의 변화 즉 구원을 얻게 돼요. 하나님과의 관계가 회복되어 하나님의 자녀라는 신분을 갖게 되고, 영원한 하나님 나라를 유업으로 얻게 되는 것이죠. 이 두 가지 구원은 예수님의 생명이 심어질 때 즉각적으로 일어나게 되는 구원이에요. 그런데 우리의 몸이 썩지 않는 영의 몸을 덧입게 되는 경험은 예수님께서 마지막 날 이 땅에 다시 오실 때 일어나게 됩니다. 아무리 예수님을 믿는 성도라 해도 육의 몸이 한 줌의 흙으로 돌아가는 죽음은 모두가 경험합니다. 하지만 예수님이 다시 오실 때 예수님의 영원한 생명을 가진 자는 반드시 새로운 몸, 즉 영의 몸을 가지게 될 거예요. 그래서 성경은 믿는 자들을 향해 이미 구원을 받았지만 완전한 구원을 기다리고 있는 자들이라고 표현하는 거예요."그는 만물을 자기에게 복종하게 하실 수 있는 자의 역사로 우리의 낮은 몸을 자기 영광의 몸의 형체와 같이 변하게 하시리라"_빌 3:21."

"목사님, 두 가지 질문이 있어요."

"네, 말씀하세요."

"첫째는 그러니까…… 예수님을 믿는 자나 믿지 않는 자나 어찌 되었든 결국 죽는 것은 같은 거 아닌가요?"

"성경이 말하는 생명과 죽음의 정의는 우리가 생각하는 것과 달라요. 우리는 호흡이 다해서 한 줌의 흙으로 돌아가면 '죽었다'라고 말을 하죠. 그러나 하나님은 생명과 죽음의 정의를 그 안에 영원한 생명이 있느냐 없느냐를 가지고 정의하십니다."

"아…… 네……."

"예를 들어 마태복음 22장 32절을 보면 하나님께서 당신을 소개하실 때 "나는 아브라함의 하나님이요 이삭의 하나님이요 야곱의 하나님이로라 하신 것을 읽어 보지 못하였느냐"라고 하셨어요. 한 번만 더 생각해 보면 아브라함, 이삭, 야곱은 몇 천 년 전에 죽은 사람들이에요. 그런데 살아 계시다고 말씀하는 하나님이 죽은 자들의 이름을 당신의 성호에 붙여 소개하고 계세요. 그러면서 한 말씀을 더 하시는데 그것이 아주 중요해요. 바로 "하나님은 죽은 자의 하나님이 아니요 살아 있는 자의 하나님이시니라"는 구절이에요. 우리가 보기에는 아브라함과 이삭과 야곱은 분명 죽은 자들인데 하나님은 그들이 죽지 않고 지금 살아 있다고 하세요. 우리는 바로 이 믿음을 가지고 살아야 해요."

"그러니까 예수님을 믿는 자들은 육신의 몸을 입고 있던 그 몸이 한 줌의 흙으로 사라지는 것과 관계없이 여전히 살아 있는 자라는 뜻으로 이해해도 되는 건가요?"

"네, 맞아요."

"목사님, 그럼 두 번째 질문인데요. 예수님이 다시 오실 때 육체가 사라진 자들이 영의 몸을 덧입게 된다는 것은 그런대로 이해가 되는데, 만일 그때 예수님을 믿으면서 살고 있는 사람들도 있을 텐데 그들은 어떻게 되는 건가요? 그들은 아직 육신의 몸을 입고 있는 상태인데 말이죠."

"예수님을 믿고 죽은 자들은 예수님이 다시 오실 때 썩지 않는 영의 몸을 덧입게 되는 반면, 살아 있는 자들의 몸은 홀연히 변화돼요. 썩어 없어질 몸을 입은 우리에게 썩지 않는 몸으로 순식간에 갈아입혀 주신다고 이해하면 될 거예요."보라 내가 너희에게 비밀을 말하노니 우리가 다 잠 잘 것이 아니요 마지막 나팔에 순식간에 홀연히 다 변화되리니 나팔 소리가 나매 죽은 자들이 썩지 아니할 것으로 다시 살아나고 우리도 변화되리라 이 썩을 것이 반드시 썩지 아니할 것을 입겠고 이 죽을 것이 죽지 아니함을 입으리로다"_고전 15:51-53."

"목사님, 예수님을 믿게 되면 영원한 생명을 얻게 되어 하나님을 아버지라 부르며, 영원한 하나님 나라에 들어가게 되고, 영의 몸을 덧입는 구원을 약속받게 된다는 말씀이죠? 그것이 예수님을 믿을 때 주어진다는 것이고요. 그렇다면 예수님이 오시기 이전의 사람들은 어떻게 이러한 구원의 은혜를 받게 되는 건가요? 특별히 구약 시대에 살았던 사람들은 예수님이 오시기 이전의 사람들인데 그들이 어떻게 예수님을 믿고 구원을 받을 수 있었을까요?"

예수님의 죗값 지불 방식, '선불과 후불'

"성경은 인간이 범죄 할 때 죄와 죽음의 노예가 되었다고 표현해요. 그도 그럴 것이 모든 인간은 죽음 앞에 어느 누구도 예외일 순 없기 때문이죠. 인간의 죽음이 죄로 인한 것이라면 죽음에서 자유로워지려면 어떻게 하면 될까요?"

"죽음의 원인이 죄 때문이라면 죄가 없어지면 되는 것 아닌가요?"

"맞아요. 인간을 지배하는 죄가 사라지면 인간은 죽음이라는 감옥에서 벗어나게 되는 거예요. 다시 말해 죄가 처리되었다는 것을 증명하는 길은 죽음에서 부활하는 것이라고 할 수 있어요. 이 부분은 죽음보다 강한 생명을 가진 분만 해결해 줄 수 있는 역사이기도 하죠. 하나님이 가진 생명은 죽음보다 강한 생명이에요. 그것의 증거가 앞에서 나눴던 부활 사건이고요. 인간은 부모가 사랑하여 생명의 씨를 심을 때 만들어지죠. 그런데 영원한 생명은 예수 그리스도를 나의 영원한 생명의 주인으로 인정하고 믿고 받아들일 때 주어지게 돼요"네가 만일 네 입으로 예수를 주로 시인하며 또 하나님께서 그를 죽은 자 가운데서 살리신 것을 네 마음에 믿으면 구원을 받으리라"_롬 10:9. 제가 지금 하고 싶은 이야기는 죄와 죽음에 묶여 있는 인간을 자유롭게 하시는 유일한 분은 예수님이라는 사실이에요. 이단들은 시대마다 구원의 방법도 다르고 구원자도 다르다고 가르치죠. 예를 들면 구약 시대 사람들은 짐승을 잡아 죽일 때 죄가 사해지고, 신약 시대는 예수 그리스도를 믿을 때 죄에서 자유로워지고, 지금은 보혜사 성령님의 시대여서 보혜사가 가르쳐 주는 말씀을 깨달을 때 죄 사함과 구원을 얻는다고 가르치죠. 그러나 이것은 거짓된 진리입니다."

마지막 부분을 이야기하실 때 목사님은 마치 화난 사람처럼 다소 흥분한 듯 했다.

"목사님, 혹시 화나셨나요?"

"아…… 죄송해요. 제가 이 부분만 이야기하면 너무 답답하고, 거짓된 이단 사상을 가지고 성도들의 영혼을 사냥하는 자들에 대해 화가 나서 그만 흥분을 하게 되네요. 죄송한데 제가 어디까지 이야기했죠?"

"죽음의 결과를 가져다주는 죄가 사라질 때 인간은 비로소 죽음에서 자유롭게 되는 구원을 얻게 되는데 구원의 길이 시대마다 다르지 않다고 하셨어요."

"정말 대단하세요. 정리를 잘 하셔서 깜짝깜짝 놀라고 있답니다. 한 가지 예를 들어 볼게요. 혹시 좋아하는 요리가 있나요?"

"가격과 상관없이 정말 좋아하는 걸 물어보시는 건가요?"

"네."

"바닷가재를 좋아해요. 몇 번 먹어 보지는 못했지만……. 예전에 같은 교회에 다니는 청년부 한 자매가 주었다며 아내가 가져와서 먹었는데 무척 맛이 있더라고요."

나도 모르게 그날 먹었던 바닷가재를 생각하고 있었다.

"저도 바닷가재 좋아해요. 그런데 제가 만일 성도님과 고급 바닷가재 레스토랑에서 만나 저녁을 사기로 했다고 해보죠. 그런데 제가 좀 늦는 거예요. 그래서 성도님이 레스토랑 앞에서 저를 기다리며 서성이는데 지배인이 나와 묻습니다.

 - 손님, 뭐 도와 드릴 일이라도 있나요?

- 아니에요. 저녁 약속을 한 분이 아직 안 오셔서 기다리고 있는 거예요.

  - 혹시 그분이 K 목사님인가요?

  - 네, 그걸 어떻게 아셨죠?

  - 목사님께서 조금 늦는다고 일행분이 오시면 먼저 식사하도록 챙겨드리라고 연락하셨습니다.

 이때 성도님은 정말 최상의 서비스를 받으며 맛있게 식사를 했어요. 그런데 식사를 다 마쳤는데도 제가 도착하지 않는 거예요. 계속 앉아 있기도 좀 민망하고, 그렇다고 성도님이 음식값을 계산하자니 돈은 없고……. 그 상황에서 성도님의 마음이 어떨 것 같나요?"

 "상당히 당황스럽겠네요. 저녁을 사겠다고 하신 분이 안 왔으니…… 차라리 먼저 먹으라는 말이라도 하지 않았으면 안으로 들어가서 식사를 하지 않았을 텐데 말이죠."

 "맞아요. 많이 당혹스럽고 난처할 거예요. 그런데 이때 시계만 보면서 안절부절못하는 성도님을 보던 지배인이 다가오더니 아까와 같이 묻는 거예요.

  - 혹시 뭐 도와 드릴 일이 있나요?

  - 아니…… K 목사님이 아직 안 오셔서요. 그리고 음식을 맛있게 다 먹었긴 했는데…… 이제는 계산해야 하는데…… 실은 저에

게는 오늘 먹은 음식값을 계산할 돈이 없거든요.

- 걱정하지 마세요. K 목사님을 제가 잘 아는데 그분은 약속을 꼭 지키세요. 목사님이 나중에 오셔서 계산을 하실테니 아무 걱정하지 마시고 댁으로 가셔도 됩니다.

성도님은 마음이 개운하지는 않았지만 일단 집으로 돌아갔고, 이후 제가 그곳에 가서 음식값을 냈다고 해보죠. 음식을 다 먹은 이후 값을 지불하는 방식을 뭐라고 하죠?"

"다 먹고 난 이후 계산했으니 후불 아닌가요?"

"네, 맞아요. 후불이에요. 그럼 이번에는 반대로 성도님이 오기 전 제가 먼저 식당에 가서 오늘 함께 먹을 요리에 대한 모든 값을 지불했다고 해보죠. 이후 똑같은 상황이 되었어요. 제가 식당에 오지 않았고, 성도님은 지배인에 안내를 받으며 편하게 저녁을 먹었어요. 그리고는 어쩔 줄 몰라하는 성도님에게 지배인이 와서 이미 음식값은 지불되었으니 편하게 돌아가도 된다고 하는 거예요. 그러면 이러한 계산법을 뭐라고 할까요?"

"선불이죠."

"네, 맞아요. 후불과 선불의 공통점과 차이점이 있어요. 공통점은 첫째 성도님은 최고급 바닷가재 요리를 즐겼다는 거예요. 둘째, 선불과 후불 모두 그 값을 지불한 사람이 같다는 거죠. 단, 선불과 후불에 차이점이 있다면 그것은 지불한 시간의 차이인 거죠. 정리해 볼게요. 예수님이 오시기 이전의 모든 사람의 죄는 예수님이 오셔서 십자가에서 지불하실 거예요. 하나님의 약속의 말씀을 믿고 신뢰하는 모든 사람의 죗값은 하나님께서 예수님을 이 땅에 보내실 때 그분을 통해 지불하기로 계획하신 거예요. 위에서 사용했던 표현을 빌리자면 그들은 '후불의 은혜'로 이미 죗값을 지불 받은 자들이라 할 수 있는 거죠. 그리고 예수님이 오신 이후 사람들은 예수님이 이미 지불하신 선불의 은혜로 죗값이 지불된 사람들이라 할 수 있고요. 결과적으로 온 인류의 모든 죗값을 지불한 분은 단 한 분 예수님이에요. 예수님은 십자가에서 마지막으로 '다 이루었다'라고 선언하셨는데, 그 말씀의 의미는 예수님의 십자가 사건을 기준으로 예수님 이전의 사람들과 이후의 모든 사람의 죗값을 예수님께서 직접 다 지불하셨다는 것을 뜻하는

거예요. 단, 예수님과 관계가 있는 사람만이 이 은혜를 경험하게 되죠."

왠지 모르게 속이 시원한 답변이었다. 이러한 설명은 정말 처음 들었다. 목사님의 이야기를 듣고 보니 사람들이 참 융통성 없다는 생각이 들었다. 지금 우리에게 있어 예수님의 십자가 사건은 과거의 사건이다. 그리고 우리는 예수님을 믿으면 과거 2천 년 전 사건이 지금 나 자신의 사건이 된다고 믿는다. 그렇다면 예수님이 오시기 전 사람들에게 예수님의 십자가 사건은 미래의 사건이 될 것이다. 그들 역시 메시야가 오셔서 자신들을 새롭게 하실 거라는 하나님의 약속을 믿을 때 미래의 십자가 사건이 그들 자신의 사건으로 다가올 수 있게 된다.

그런데 우리는 과거의 사건이 지금 나의 사건이 된다는 것은 믿으면서, 미래의 사건이 과거 그들의 사건이 될 거라는 생각은 전혀 하지 못하는 것 같다. 목사님의 말씀대로라면 시간과 공간의 지배를 받고 살아가는 인간에게 있어 죗값이 지불되는 시간적 차이만 존재할 뿐 과거와 현재 그리고 미래의 모든 사람의 죗값은 예수님께서 직접 지불하셨다는 결론에 도달하게 된다. 하나님의 이 약속의 말씀을 믿을 때 시간과 공간을 초월하여 이 은혜가 서로의 시대를 살아가는 각자의 은혜로 다가오는 것이다. 선불과 후불이라…… 이 얼마나 명확한 설명인가.

"성도님, 성도님!"
잠시 생각에 잠겨 있는 나를 목사님이 불렀다.
"아, 네."
"혹시 뭐 이상한 점이라도 있나요?"
"아니에요. 목사님이 하신 이야기를 생각해 보고 있었어요. 제가 잘 알지는 못하지만 그래도 교회 다닌 지 7년이라 이래저래 들었던 말씀들이 있었는데 이제야 조금 이해가 되는 것 같기도 해서요. 그런데 목사님, 시간과 공간을 초월해서 주어지는 죄 사함의 은혜는 예수님을 믿는 사람들에게만 주어진다고 하셨죠?"
"네, 죄 사함은 예수님과 관계가 형성된 사람들에게만 주어지는 은혜입니다."

왜 꼭 십자가에 달려야만 했나요?

"그런데 예수님은 그 많은 죽음의 방법 중 왜 십자가를 선택하신 것일까요?"
"십자가에서 죽으셨다는 것은 나무에 달려 죽으셨다는 말인데 이것은 저주를 상징해요. 그리고 십자가에는 죄인 된 인간을 구원하신 하나님의 능력과 지혜가 담겨져 있어요. 제가 하나님의 능력이라고 말하는 이유는 예수님께서 인간이 받아 마땅한 저주를 대신 짊어지심으로 당신을 믿는 자들에게 어떠한 저주도 미치지 않도록 구원하셨기 때문이에요. 동시에 하나님의 지혜라고 말하는 이유도 있어요. 예수님께서 십자가에서 죽으신 사건을 자세히 들여다보면 하나님과 단절된 인간이 어떤 저주와 죽음을 경험할 수밖에 없는지를 알 수 있게 돼요. 즉, 하나님은 우리가 십자가를 바라볼 때마다 하나님과 단절된 인간이 어떤 저주를 받아 마땅한지, 어떠한 운명을 가진 존재였는지를 가르쳐 주고자 하셨던 거예요. 그래서 하나님의 절대적인 은혜로 구원받았다는 것을 고백하게 하시는 거죠."

"여러 죽음의 방식이 있었을 텐데 굳이 십자가를 선택하신 이유가 하나님과 단절된 인간에게 주어질 형벌이 저주였다는 사실을 보여 주시기 위해서라는 거군요. 예수님은 인간이 받아 마땅한 저주를 대신 감당하신 것이고, 하나님은 우리들이 예수님의 십자가를 바라볼 때 인간에게 주어질 저주가 무엇인지 분명히 보기를 원하셨다는 거네요."

만일 인간이 십자가에 담긴 의미를 분명하게 알 수 있다면 나

같은 죄인을 구원하신 하나님의 은혜에 대해 감사할 수밖에 없지 않을까? 십자가는 본래 생명에서 단절된 인간이 받아 마땅한 저주였으니까……. 아무 생각 없이 바라보았던 십자가에 그런 의미가 있었는지 미처 알지 못했다. 그러다 갑자기 '예수님을 믿으려면 제대로 믿어야 하지 않을까?'라는 생각을 하게 되었다.

예수님을 제대로 믿는다는 것

"목사님, 제가 교회는 다니고 있지만 예수님을 제대로 믿고 있는 것인지 아닌지 잘 모르겠어요. 교회에 다니면 다 예수님을 믿고 있는 거라고 말할 수 있을까요?"

"그렇지 않아요. 예수님을 믿는다는 의미는 예수님과 관계가 형성되는 것을 의미해요. 좀 더 쉽게 이야기하면, 마태복음 16장 16절에 예수님께서 사람들이 자신을 누구라고 하는지 제자들에게 질문하는 장면이 나오는데 이때 베드로가 "주는 그리스도시요 살아 계신 하나님의 아들이시니이다"라고 고백을 하죠. 이러한 베드로의 고백을 통해 예수님을 믿는다는 의미가 무엇인지 발견할 수 있어요. 첫째, 예수님을 믿는다는 것은 예수님을 나의 주인으로 인정하는 거예요. 성도들이 예수님을 '주님'이라고 부르는데 이 말은 '주인님'이라는 말과 같아요. 예수님을 나의 주인이라고 인정하는 것은 내가 예수님께 속한 자이고, 나의 모든 소유권이 예수님께 있다는 믿음의 고백과 같은 거예요. 둘째는 예수님을 그리스도로 인정하는 거예요. 그리스도라는 말은 히브리어로 메시야라고 하는데 우리말로 표현하면 '구원자'라는 말이에요. 예수님을 나의 유일한 구원자라고 고백한다는 것은 나라는 존재가 예수님의 구원이 필요한 죄인임을 인정하는 것과 같아요. 마지막으로 예수님을 하나님의 아들, 즉 하나님으로 인정하는 거예요. 가끔 예수님이 하나님의 아들이니까 하나님보다 열등한 분으로 생각하는 사람들이 있어요. 그런데 이것은 유대인들의 표현을 제대로 이해하지 못한 데서 오는 오해라 할 수 있어요. 예수님께서 하나님을 아버지라고 했을때 유대인들은 굉장히 분노했어요. 자신을 하나님의 아들이라고 표현하는 것은 곧 자신이 하나님이며, 하나님과 동등한 분이라고 말하는 것과 같았기 때문이에요"유대인들이 이로 말미암아 더욱 예수를 죽이고자 하니…하나님을 자기의 친 아버지라 하여 자기를 하나님과 동등으로 삼으심이러라"_요 5:18, "내가 아버지로 말미암아…유대인들이 대답하되 선한 일로 말미암아 우리가 너를 돌로 치려는 것이 아니라 신성모독으로 인함이니 네가 사람이 되어 자칭 하나님이라 함이로라"_요 10:32-33. 예수님은 하나님과 동등한 분이며 하나님이세요. 정리해 볼게요. 예수님을 믿는다는 것은 예수님을 나의 주인이자, 나의 유일한 구원자, 나의 예배를 받으시기에 합당하신 나의 하나님으로 인정하는 거예요."

"목사님의 말씀은 나의 모든 소유권이 예수님께 있고, 나는 그분의 구원의 은혜가 필요한 죄인이며, 내가 예배할 유일한 대상이 예수님이라는 사실을 인정하라는 거군요."

"네. 그렇습니다."

"그냥 교회에 다니는 것이 예수님을 믿는 것으로 생각했는데 그게 아니었네요."

"그렇죠. 교회에 다니는 모든 사람이 예수님을 믿는 자라고 말할 수는 없어요. 하지만 예수님을 믿는 자들은 예수님을 자기 삶의 주인으로 인정하고, 스스로 구원의 은혜가 필요한 죄인이라는 것을 자각하며 살아가요. 그리고 자기를 구원하신 예수님만이 자신이 예배해야 할 대상으로 여기기에 교회에 와서 예배하는 거예요."

"그렇군요……. 그러면 목사님, 예수님의 십자가를 믿어야 한다는 말은 무슨 뜻인가요?"

"방금 설명한 것이 예수님을 믿는다는 의미라면, 예수님을 믿는다고 할 때 그 믿음에 담긴 내용이 십자가와 부활이라고 할 수 있어요. 다시 말해 예수님이 십자가에서 나의 모든 죗값을 지불하셨고, 나에게 영원한 생명을 주시기 위해 부활하셨다는 사실이 우리가 믿는 믿음의 내용인 거죠. 그래서 바울은 로마서 10장

9절에서 "네가 만일 네 입으로 예수를 주로 시인하며 또 하나님께서 그를 죽은 자 가운데서 살리신 것을 네 마음에 믿으면 구원을 받으리라"고 말씀했던 거예요."

"그렇다면 성도들이 예수님을 믿는다고 할 때 그 믿음의 의미는 '예수님이 나의 주인이요, 유일한 구원자요, 나의 예배를 받으실 하나님이다'라는 뜻이고, 그 믿음에 담긴 내용 즉 우리가 믿는 그 믿음의 내용은 '예수님께서 죄인 된 나를 살리시기 위해 십자가에서 죽으시고 부활하셨다'라는 것으로 이해해도 될까요?"

"네, 맞아요. 잘 이해해 주셔서 감사하네요. 제가 이렇게 구분 지어 설명하는 이유는 많은 성도가 예수님을 믿는다는 의미와 자신들이 무엇을 믿는지 그 내용을 제대로 정리하지 못하고 있는 경우가 많기 때문이에요."

뭔가 모르게 하나씩 정리가 되는 느낌이 든다. 예수님을 믿는다는 것이 무엇을 의미하는지 새롭게 알게 된 시간이었다. 막연하게 교회만 가면 그것이 예수님을 믿는 것이고, 죽으면 자동으로 천국에 가는 줄로만 생각했는데 그게 아니었다. 물론 이러한 정리가 곧바로 나의 믿음으로 연결되는 것은 아니었지만, 목사님에게 배운 것을 기억해 두었다가 아내에게 가서 자랑하고 싶은 마음도 은근히 생겨났다. 뭘 그리 아는 게 많다고 나를 보기만

하면 가르치려고 했던 아내의 코를 좀 납작하게 해주고 싶었기 때문이다.

> 왜 꼭 기독교여야만 하죠?

"목사님, 세상에는 참 많은 종교가 있어요. 그런데 왜 꼭 예수님이어야만 하는지 잘 모르겠어요. 친구들과 만나다 보면 기독교를 싫어하는 여러 이유 가운데 하나가 바로 너무 독선적이라는 거예요. 다른 종교의 진리를 배려하지 않고 기독교만 옳다고 하는 모습이 너무 싫다고 하더라고요. 이에 대한 목사님의 의견은 어떤지 궁금하네요."

"우리가 사는 시대를 포스트모더니즘 시대 혹은 종교 다원주의 시대라고도 해요. 절대적 가치와 진리가 사라지고 종교마다 그들이 가지고 있는 진리가 있으니 인정하자는 움직임이죠."

'왜 다른 종교와 달리 기독교는 꼭 자신들만 진리라고 하는가!'라는 질문에 목사님은 기다렸다는 듯이 이야기를 이어나가셨다.

"종교 다원주의자들은 '어떻게 가든 산으로만 가면 된다. 산 정상에 도달하는 길과 방법은 다양하다. 그 다양함은 종교마다 차이가 있다'라고 주장을 해요. 그렇다면 한번 질문해 볼게요. 산 정상에 올라가는 길과 방법은 하나일까요? 아니면 다양할까요?"

"다양하다고 생각해요. 사람마다 산 정상을 정복하는 방법이 다르니까요."

"네, 맞아요. 산 정상은 그래요. 하지만 산 정상이 구원 즉 생명과 진리라면 이야기는 달라지죠. 종교 다원주의자들의 말처럼 절대적 진리의 가치와 영원한 생명이라는 가치가 땀 좀 흘리고, 힘든 고행과 수고 그리고 선행으로 얻어진다면 얼마나 좋을까요?

그러나 기독교는 이 논리를 거부해요. 기독교는 진리와 영원한 생명이라는 정상에 인간은 결코 도달할 수 없다고 가르치죠. 그래도 다른 종교들이 그것이 가능하다고 믿는다면 어쩔 수 없겠죠. 하지만 적어도 기독교는 그것을 거부한답니다. 왜냐하면 지금껏 그 어떤 인간도 완전한 진리와 영원한 생명을 누리고 있지 못하기 때문이에요."

"그런데 기독교는 진리와 영원한 생명에 관해 이야기하고 가르치지 않나요?"

"그렇죠. 진리와 영원한 생명에 관해 이야기하고 가르쳐요. 그런데 그것이 가능한 이유는 생명과 인간의 만남이 이루어졌기 때문이에요."

"인간이 영원한 생명에 도달했다는 의미인가요?"

"그런 의미는 아니고요. 예를 들어 볼게요. 완전한 진리와 영원한 생명에 인간이 도달할 수 없다면 그것들과 만날 수 있는 길이 있을까요?"

"없어요."

"아니에요. 있어요."

"네? 있다고요? 조금 전에 불가능하다고 하시지 않았나요? 그것이 다른 종교와의 차별성이라고 했던 거로 아는데……."

"네, 인간의 능력으로는 불가능하죠. 인간의 힘으로 진리와 영원한 생명에 도달한다는 것은 분명 불가능해요. 그런데 방법이 하나 있다면, 그 영원한 진리와 생명이 인간을 찾아와 준다면 이야기는 달라져요. 인간의 힘으로는 도달할 수 없지만 완전한 진리와 영원한 생명이 인간을 찾아와 준다면 가능하다는 이야기예요. 이것이 바로 기독교이죠. 그래서 기독교를 찾아가는 종교가 아니라 하나님이 인간을 찾아오신 종교라고 말하는 거예요. 기독교는 결코 타 종교의 윤리나 도덕적인 부분을 깎아내리지 않아요. 그들 중에도 참으로 귀하고 또 선한 사람이 많이 있거든요. 그럼에도 기독교가 타협할 수 없는 부분이 있다면 바로 이것이에요. 다른 종교는 각자의 선행이나 고행, 수련 등으로 영원한 생명에 도달할 수 있다고 가르치지만 기독교는 '인간의 힘으로는 불가능하다. 오직 하나님이 인간을 찾아오실 때만 가능하다'라고 가르칠 뿐이에요. 이로 인해 기독교가 여러 종교 사이에서 왕따를 당하고, 혹은 독선적이라는 말을 듣기도 하죠. 그런데 다르게 생각해 보면 독선적이기 때문에 진리일 가능성이 더 크지 않을까요? 완전한 진리와 영원한 생명은 인간의 어떠함이 아니라 하나님이 찾아오실 때 비로소 가능해지고, 또 그 생명은 주어지는 것이라는 사실을 인정하는 게 기독교예요. 우리는 이 진리에 대해서만큼은 결코 타협할 수 없습니다."

목사님의 이야기를 듣고 나니 기독교에 대한 오해가 조금은 풀렸다. 막연하게 바깥에서 볼 때 기독교는 지독스러울 만큼 고집 센 집단이라고 생각했었다. 자신들만 옳다는 이기적인 생각에 사로잡혀 있는 집단으로 말이다. 그런데 다른 종교나 그들의 이론과 타협하지 않는 것이 아니라 영원한 생명의 가치에 대해 다른 종교와 차별성을 가지고 있다는 사실만으로 이기적이라고 말할 수는 없지 않은가. 정말 진리라면, 그것이 있다면, 진리는 결코 변하거나 타협될 수 있는 것이 아니다. 둥근 태양을 네모 모양이라고 주장하는 사람들과 친구는 될 수 있겠지만, 그렇다고 그들의 주장처럼 둥근 태양을 네모 모양의 태양이라고 타협할 수 없는 것처럼 말이다.

대화 끝에 목사님이 하신 이야기에 웃음이 났다. 여러 종교가 있는데, '경건한 불자가 어떻게 그런 식으로 삽니까?'라는 말이나, '신실한 천주교인이 어떻게 그런 행동을 할 수 있나요?' 혹은 다양한 종교인에게 '당신은 무슬림이면서, 당신은 신실한 유교주의자이면서 왜 그렇게 삽니까?'라는 말은 거의 들어 보지 못한 반면, '교회 다니는 사람이 그딴 식으로 삽니까?'라는 말은 어렸을 때부터 많이 들어 보았다고 했다. 그러면서 세상은 교회에 대해 그리고 기독교에 대해 호의적이지 않은 것 같다고 했다.

생각해 보니 나도 아내에게 '당신은 교회에 다니면서 어떻게 그럴 수 있어?'라는 말을 자주 했던 것이 기억났다. 가볍게 던진 말이었지만, 여러 면에서 기독교가 사회적으로 부당한 상황에 처해 있는 것만은 분명한 것 같았다. 점점 목사님 말에 공감이 갔다. 종교가 단순한 교양 생활의 문제라면 모를까 영원한 생명에 대한 문제라면 결코 타협해서는 안 되는 것이니까. 어찌 되었든지 영원한 생명이라는 가치가 인간의 힘으로는 얻을 수 없다는 것이 분명하다. 그래서 영원한 생명이 인간을 찾아오셨다는 사실에 은근히 다행이라는 생각마저 들었다.

위인들도 천국에 갔을까요?

그런데 또 몹쓸 생각이 꼬리를 물었다. '그렇다면 훌륭한 위인들은 어떻게 되었을까? 그들은 천국에 못 간 걸까?' 갑자기 고민에 잠긴다. 결국, 참지 못하고 이 부분에 관해 물었다.

"그 부분에 대해서는 여러 의견이 분분하지만 결론부터 이야기하면 우리는 정확히 알 수 없어요. 위에서 살펴본 것처럼 구원은 인간을 찾아오신 하나님을 만날 때 주어지는 선물이기 때문이죠. 선물은 값없이 주어지는 것이지만, 그 선물을 받는 당사자가 안 받겠다고 거부하면 선물의 풍성함을 누리지 못하는 것이죠. 시대마다 하나님께서 인간을 찾아오시는 방법은 다양했어요. 하나님의 살아 계심을 전하는 자_{선지자}, 환상과 이적, 그리고 실제로 하나님이 인간의 몸을 입고 직접 찾아오시기도 했죠. 지금은 그 예수님을 경험한 증인_{하나님이 직접 찾아오셨다는 사실을 전하는 자}들의 전도나 성경을 통해 사람들의 마음 문을 두드리며 찾아오기도 하고요. 방법은 다양하지만 공통점이 있는데 아무리 마음의 문을 두드려도 사람들이 하나님을 인정하지 않고 믿기를 거부할 수 있다는 사실이에요. 누군가로부터 예수님에 대한 이야기를 들어도 그 구원의 메시지를 거부할 수 있는 것처럼 말이죠. 그뿐만 아니라 성경은 모든 자연 만물 속에 하나님을 알만한 것들을 가득 담아 두었다고 말씀하고 있어요."

"만물 속에요?"

"네. 거대한 바다와 끝이 없는 하늘과 광활한 대지, 수를 헤아릴 수 없는 생명체들, 그리고 눈에 보이지 않지만 분명히 존재하는 세계와 법칙들……. 성경은 인간이 정말 겸손한 마음으로 이것들 앞에 머물러 보면 하나님의 존재를 부인할 수 없을 거라고 말씀하고 있어요_{"창세로부터 그의 보이지 아니하는 것들 곧 그의 영원하신 능력과 신성이 그가 만드신 만물에 분명히 보여 알려졌나니 그러므로 그들이 핑계하지 못할지니라"_롬 1:20}. 비록 사람들이 하나님의 방문에 시큰둥할 수 있을

지는 모르지만, 하나님은 모든 것을 동원하여 당신의 존재를 사람들에게 들려주고, 보여 주고, 생각하게 하시면서 사람들의 마음의 문을 계속해서 노크해 오셨다는 거예요. 옛 위인들 역시 지금의 우리와 다르지 않아요. 다만, 그 위인들이 하나님의 방문에 응했는지 다시 말해 하나님께서 다양한 방법으로 그들의 마음의 문과 생각의 문을 두드리셨을 때 그 두드림에 응했는지 그렇지 않았는지 우리는 알 길이 없다는 거예요. 위인전을 기록한 사람은 위인들이 나라를 위해 어떤 일을 했는지 알려 주기 위한 관점으로 기록했을 뿐 하나님을 만났는지에 대한 것은 그다지 중요하게 다루지는 않았으니까요."

"듣고 보니 일리가 있는 말씀이기도 하네요."

"가끔 어떤 목사님들이 '훌륭한 위인들이라 해도 천국 갈 수 없습니다'라고 이야기하는데, 이것은 그 어떤 사람도 하나님이 찾아오셨을 때 영접하지 않으면 결코 구원받을 수 없다는 성경적 원리를 강조한 표현이라 할 수 있어요. 우리는 위인들이 천국에 갔는지 지옥에 갔는지 정확히 알 수 없어요. 왜냐하면 전능하신 하나님께서 어떤 방식으로 그들을 찾아가셨는지 우리는 모두 다 알 수 없으니까요. 그렇기 때문에 이러한 질문에 대해 답을 할 때 조심해야 하고 또 겸손해야 해요. 어린 시절 많이 불렀던 찬양이 기억나네요. '돈으로도 못 가요, 맘 착해도 못 가요, 지식으로도 못 가요 하나님 나라! 거듭나야 가는 나라 하나님 나라! 믿음으로 가는 나라 하나님 나라.' 제가 하고 싶은 말은 시대를 초월해서 하나님은 인간을 찾아오셨고, 구원은 그분의 방문과 그 방문에 응할 때 주어진다는 거예요. 분명한 사실은 하나님은 온 우주 만물에 당신의 존재와 살아 계심에 대한 증거를 충분히 담아 두었다는 것이고, 그렇기 때문에 우주 만물이 이미 창조된 이후에 태어난 모든 사람은 그 누구도 예외 없이 하나님의 살아 계심에 대해 핑계할 수 없습니다."

목사님의 말씀을 들으면서 아무리 보여 줘도 작심하고 믿지 않으려고 하면 안 믿을 수도 있고, 반대로 많이 보여 주지 않아도 하나님을 향한 믿음을 가질 수 있다는 생각이 들었다. 또한 내가 너무 오지랖이 넓은 건 아닌가라는 생각도 들었다. 그들이 구원을 받았는지 받지 않았는지는 오직 하나님만 아실 것이다. 그뿐만 아니라 사람들이 이러한 질문을 하는 것은 '하나님의 존재를 거부하기 위해 만들어 낸 질문이 아닐까'라는 생각도 들었다. 어찌 되었건 분명한 것은 모든 인간은 창조주가 만든 세상 속에서 태어나서 살아가고 있고, 거대한 세상의 존재는 자신을 만든 하나님의 실존을 그 존재 자체로 충분히 설명하고 있는 것이다. 완전히 이해되지는 않았지만, 목사님의 말씀을 통해 두 가지는 알게 되었다. 하나는 시대를 초월해서 하나님은 인간을 방문하셨다는 사실이고, 다른 하나는 구원은 시대를 초월해 하나님의 방문에 응할 때 주어진다는 사실이다.

구원의 확신은 반드시 필요한가요?

잠시 차를 마신 후 목사님은 또 궁금한 것이 있는지 물었다.

"목사님은 질문받는 것을 참 좋아하는 것 같네요."

"습관이 되어서 그런 것 같아요. 제가 모든 것을 다 알고 있지는 않아요. 솔직히 저도 모르는 게 참 많죠. 그런데 목회를 하다 보니 성도들이 하나님을 맹신하지 않았으면 하는 마음이 간절해지더라고요. 좀 더 구체적으로 알고 믿었으면 하는 바람 때문에 저도 모르게 자주 궁금한 것이 없는지 묻게 되네요."

"이야기가 나왔으니 질문 하나 할게요. 제 아내가 저에게 틈만 나면 하는 질문이 있어요. 다름 아닌, '당신은 지금 죽으면 천국 갈 믿음 있어요? 구원의 확신이 있냐고요?'라는 질문이에요. 솔직히 이 질문을 들을 때마다 너무 심란해요. 그래서 아내에게 '잘 모르겠다'고 하면, '왜 아직 구원의 확신을 갖지 못하는 거냐'는 핀잔을 듣기도 해요. 그리고 계속해서 확신을 가지라는 강요를 받죠. 가끔은 언성이 높아지는 게 싫어서 확신이 없는 데도 있다고 이야기하기도 해요. 구원의 확신이 없으면 구원받을 수 없는 건가요?"

"그렇지 않아요. 결론부터 말씀드리면 구원의 확신은 구원의 절대적 조건이 아니에요. 특히 그 확신이라는 것이 말씀에 근거한 믿음이 아니라, 나의 행위의 어떠함을 근거로 한 신념 같은 거라면 더더욱 관계가 없다고 말할 수 있어요."

나는 놀라지 않을 수 없었다. 지금까지 구원은 확신의 여부에 따라 달라진다고 생각했기 때문이다.

"네? 절대적 조건이 아니라고요? 그럼 구원의 확신이 없어도 된다는 말씀인가요?"

"제 말을 오해하지 말아 주세요. 그 전에 구원과 확신에 대한 관계를 먼저 정리하면 좋을 것 같네요. 구원은 예수님을 내 삶의 온전한 주인으로 시인하고 그분이 나의 죄와 죽음의 권세를 십자가에서 저주하시고, 나에게 영원한 생명을 주시기 위해 부활하셨다는 사실을 믿을 때 은혜로 주어지는 선물이에요."네가 만일 네 입으로 예수를 주로 시인하며 또 하나님께서 그를 죽은 자 가운데서 살리신 것을 네 마음에 믿으면 구원을 받으리라 사람이 마음으로 믿어 의에 이르고 입으로 시인하여 구원에 이르느니라"_롬 10:9-10.

"앞서 목사님이 설명하신 것처럼 예수님을 믿는다는 것은 그분을 내 삶의 주인으로 인정하는 것이고, 그럴 때 내 안에 부모로부터 받은 유한한 생명이 아니라 영원한 생명이 심어져 하나님의 자녀가 되는 권세"영접하는 자 곧 그 이름을 믿는 자들에게는 하나님의 자녀가 되는 권세를 주셨으니"_요 1:12를 갖게 된다는 뭐 그런 의미와 같다고 봐도 될까요?"

"네, 맞아요. 구원은 생명과도 같아요. 부모의 생명의 씨가 심어질 때 만들어진 존재가 우리 인간들이죠? 그렇다면 하나님의 영원한 생명이 심어져 만들어진 존재가 바로 구원받은 새로운 피조물이라고 할 수 있어요"그런즉 누구든지 그리스도 안에 있으면 새로운 피조물이라 이전 것은 지나갔으니 보라 새 것이 되었도다"_고후 5:17. 완전히 새로운 존재로 태어나는 것이죠"예수께서 대답하여 이르시되 진실로 진실로 네게 이르노니 사람이 거듭나지 아니하면 하나님의 나라를 볼 수 없느니라"_요 3:3. 성경은 하나님의 자녀로 완전히 새롭게 태어난 것을 구원이라고 해요. 이것은 우리가 예수님을 믿을 때 주어지는 생명의 은혜와 같아요. 그런데 확신은 내가 하나님의 구원받은 자녀라는 분명한 사실에 대한 믿음이라 할 수 있어요. 구원의 확신이 주는 유익 가운데 하나는 하나님의 자녀 됨을 누리는 거예요. 예를 들어 볼게요. 혹시 어린 시절 부모님의 말을 듣지 않을 때 '너 다리 밑에서 주워 왔다'라는 식의 이야기를 들어 본 적 있나요?"

"물론이죠. 아주 많이 들었어요. 제가 말썽을 자주 피웠거든요. 뭐 그럴 때마다 저희 어머니가 자주 하셨던 말 중 하나가 '너는 누구 자식이어서 이리도 말을 안 듣니? 너는 저 멀리 있는 다리 밑에서 주워 왔다'라는 식의 이야기를 종종 하셨어요. 지금은 이렇게 웃으면서 이야기할 수 있지만, 그때는 그런 말을 들으면 한동안 '진짜 내가 다리 밑에서 주워 온 아들인가?'라는 생각 때문에 잠 못 이루기도 했었죠."

"하하하. 그러셨군요. 그럼 당시 부모님의 자식이 아니라는 성도님의 생각이 부모님과의 관계까지 취소시킬 수 있던가요?"

"네? 무슨 그런 말도 안 되는……. 제가 그러한 생각을 했다는 말이지 그 생각이 어떻게 부모와 자식 간의 관계까지 취소시킬 수 있겠어요."

"네! 맞아요. 분명하게 부모와 자녀의 관계가 형성되었다면 그 관계는 내 생각으로 인해 취소되는 것이 아니에요. 하나님의 자녀 됨도 이와 같아요. 만일 우리가 예수님께서 나의 죗값을 십자가에서 다 지불하셨고, 나에게 영원한 생명을 주시기 위해 부활하셨다는 사실을 믿지 않는다면 결코 하나님의 자녀가 되었다고 말할 수 없어요. 하지만 이 사실을 믿는데 종종 실수하고 넘어지는 어떠한 잘못 때문에 내가 하나님의 자녀가 아닐지도 모른다는 생각을 하고 있다면, 그러한 생각에 지배받을 필요는 없다는 이야기예요. 왜냐하면 우리가 예수님을 통해 그분의 자녀가 되었다면 우리의 어떠한 생각과 고민이 하나님의 자녀 됨을 취소할 수는 없기 때문이죠. 성경은 하나님의 자녀 된 자들이 이러한 확신을 갖고 살아가길 원해요. 그런데 확신을 갖지 않게 되면 하나님의 자녀로서의 풍성한 삶을 누리지 못하게 되죠. 예를 들어 볼게요. 성도님이 어머니께 다리 밑에서 주워 왔다는 말을 듣고 자식이 아니라는 생각에 빠지게 되면, 집에 들어가서 부모님이 준비해 주신 풍성한 것을 먹고 마실 때마다 마음이 불편할 거예요."

그렇다. 목사님의 설명처럼 관계는 확신의 여부에 달린 것이 아니다. 가끔 큰 딸을 나무랄 때가 있는데, 딸아이는 나에게 꾸지람을 들어도 여전히 아빠인 내가 주는 모든 것을 누리며 살아간다. 언제나 품에 안기고 필요한 것이 있으면 사달라고 조른다. 나는 그런 딸이 무척이나 사랑스럽고 좋다. 만일 나의 꾸지람으로 인해 자신이 친딸이 아닐지

도 모른다는 의심을 하고 아빠인 내가 주는 것들을 누리지 못하고 살아간다면, 그것은 나에게도 고통일 것이다.

"그렇겠네요. 그런데 목사님, 제 주위에 한 번 구원받으면 아무리 죄를 지어도 별 상관없다는 확신을 갖고 있는 단체가 있는데 잘못된 곳인가요?"

"네. 우리는 그들을 이단으로 규정하고 있어요. 만일 어떠한 깨달음이나 확신이 구원을 결정짓는다면 그들은 다 천국 가야 하고, 우리와 같은 교회 성도들 가운데는 천국에 못 가는 사람이 많이 생길 거예요. 구원은 어떠한 신념, 자신감, 확신을 가질 때 주어지는 것이 아니에요. 앞에서도 계속 강조했지만 구원은 하나님과 내가 아버지와 자녀의 관계가 형성될 때 주어지는 것이에요."

"그렇다면 목사님의 말씀은 구원의 확신이 구원의 전제 조건이 될 수는 없지만, 이 확신이 구원받은 자들로 하여금 하나님의 자녀 됨을 누리며 살아가도록 한다는 것이죠?"

"정리해 보면 만일 예수님의 십자가 사건과 부활 사건에 대한 믿음과 확신이 없다면, 결코 구원받았다고 말할 수 없어요. 다시 말해 여기서 말하는 구원의 확신이 이 부분이라면 문제가 되죠. 하지만 제가 드리고 싶은 말은 이 믿음은 있는데 육신의 연약함으로 인해 넘어질 때 '내가 하나님의 자녀가 맞나?'라는 생각으로 인한 의심이 우리가 받은 구원을 취소할 수는 없다는 거예요. 제가 이 부분을 계속 강조하는 이유는 하나님의 자녀가 되었음에도 불구하고 연약함으로 인해 넘어질 때 자신이 구원받은 하나님의 자녀가 아닐 수도 있다는 생각에 사로잡혀 자녀 됨의 특권을 누리지 못한 채 살아가는 사람을 너무 많이 만나 보았기 때문이에요."

날마다 죽어 가는 육체 안에서 매 순간 하나님의 은혜 기억하기

목사님의 이야기를 들으면 이해가 되면서도 여전히 현실을 들여다보면 나는 여러 죄를 짓고 살아간다. 때로는 그러한 반복된 삶이 나로 하여금 천국에 들어가지 못할 거라는 불신을 갖게 할 때도 참 많다. 나는 정말 묻고 싶었다. 교회를 다니고, 설교를 들어도 일상을 살면서 실수하고, 잘못하고, 넘어지는 나의 어쩔 수 없는 연약함에 대해 어떻게 해야 할지 말이다. 목사님은 또다시 고민에 빠진 나의 표정을 읽은 듯했다.

"무슨 생각을 그렇게 하세요?"

"목사님…… 그런데 아무리 구원을 받은 사람이라 해도 실수하고 넘어지고 죄를 범하지 않나요? 저 또한 그런 삶에서 결코 자유롭지는 못하고요. 그래서 때로는 내가 하나님의 백성이 맞나 하는 생각이 들기도 하거든요."

목사님은 잠시 고민에 잠기는 듯했다. 그리고 이어진 말은 나에게 신선한 충격으로 다가왔다.

"저 역시 자주 넘어지는 연약함을 가지고 있어요."

"목사님도요? 목사님은 우리와 차원이 다른 분 아닌가요?"

"아니요. 전혀 그렇지 않아요. 하나님의 말씀을 연구하며 예수님께서 맡기신 영혼을 잘 양육하고 섬기라는 직분을 받았을 뿐 저 역시 연약한 존재예요. 예전에 저도 '하나님, 제가 하나님을 아버지라 부르고 천국을 유업으로 받았다는 것은 믿겠는데, 현실의 삶 속에서 자꾸만 넘어지는 저의 모습은 어떻게 이해해야 할까요?'라는 질문을 수없이 던지곤 했었어요. 그때 로마서 7장에 나오는 바울의 절망과 갈등이 저에게 참으로 많은 위로가 되었죠."

"바울도 우리와 똑같은 고민을 했다는 말씀인가요?"

"물론이죠. 그 부분을 잠깐 설명할 필요가 있겠네요. 혹시 구원에 관해 설명했던 내용 가운데 생각나는 것 있으세요?"

"하나님과 관계가 회복되어 하나님의 자녀라는 신분을 얻게 된 구원과 우리가 죽음에서 생명, 곧 천국에 들어가게 된 구원,

그리고 우리 몸이 썩지 않는 영의 몸을 덧입게 되는 구원을 말씀하는 것인가요?"

"와우! 놀라워요. 정확히 기억하고 계시네요. 맞아요. 영원한 예수님의 생명이 들어오게 되면 그러한 구원이 일어나게 되죠. 그런데 이 세 가지 구원 중 하나님과의 관계 회복, 즉 신분의 변화와 죽음에서 생명으로 옮겨지는 자리 이동의 구원은 때로는 우리가 느끼지 못할 정도로 순식간에 이뤄지죠. 그래서 예수님은 이에 대해 바람이 어디서 불어서 어디로 가는지 정확히 알 수 없듯 성령으로 태어난 사람도 그와 같다고 이야기하셨던 거에요. "바람이 임의로 불매 네가 그 소리는 들어도 어디서 와서 어디로 가는지 알지 못하나니 성령으로 난 사람도 다 그러하니라"_요 3:8. 그런데 맨 마지막에 경험하는 구원이 있어요. 그게 바로 우리의 몸이 썩지 않는 부활의 몸, 즉 영의 몸을 덧입는 것이죠."

"부활하신 예수님과 같은 몸을 덧입는 것 말씀하는 거죠?"

"네. 지금 우리 손에 만져지는 몸은 썩어 없어지는 몸이에요. 육의 몸은 하나님의 생명에서 단절되었다는 사실을 알려 주는 눈에 보이는 유일한 흔적이기도 해요. 그리고 이 육체 안에 기생하고 있는 것이 있는데 바로 육체의 속성, 즉 육신이라고 말해요. 성경은 이것을 옛사람 혹은 자아라고 부릅니다. 육체가 하나님의 생명에서 단절된 흔적이라면, 육신은 하나님의 생명에서 단절되면 인간이 어떻게 망가지는지를 보여 주는 흔적이라 할 수 있죠. 예를 들면 부모들은 자녀에게 '친구와 싸워라, 욕을 해라, 욕심을 부려라, 용서하지 말고 더 사납게 해라'는 식의 교육은 하질 않아요. 오히려 '친구와 사이좋게 지내고, 욕하지 말고, 욕심부리지 말고, 용서하고 사랑하는 삶을 살라'고 가르치죠. 하지만 인간은 가르치지 않는 것을 더 자연스럽게 하죠. 이것은 하나님의 생명에서 단절된 육신이 가지고 있는 특징 때문이에요. 한 가지 예를 더 들어 볼게요. 어느 70대 노부부의 이야기예요. 다정한 노부부가 함께 횡단보도를 건너는데 할아버지가 지나가는 여자를 쳐다보는 거예요. 그러자 그 모습을 본 할머니가 '이 영감탱이, 죽어야 그만하겠지!'라고 이야기했다고 해요. 조금 극단적인 비유이기는 하지만 할머니 말처럼 이 지긋지긋한 육신의 성향은 죽어야 끝나는 싸움이기도 해요. 그렇다면 하나님께서 왜 이 육신과 육체를 남겨 두셨을까요? 신분의 변화나 자리 이동처럼 순식간에 바꾸어 주시면 안 되었던 걸까요?"

"글쎄요…… 그렇게 해주시면 더 좋지 않았을까 라는 생각도 드네요."

"처음에는 저도 그렇게 생각했어요. 하지만 시간이 지나면서 죽어 가는 육체 안에서 몇 가지를 발견하게 되었죠. 첫째는 내가 하나님의 생명에서 단절되었다는 사실에 대한 인정이에요. 그렇기 때문에 지금 죽어 가고 있는 거고요. 둘째는 앞서 설명 했듯이 하나님의 생명에서 단절되면 인간이 어떻게 망가지는가에 대한 것이에요. 그리고 셋째는 그럼에도 하나님은 이런 나를 사랑하셔서 예수님을 보내 주셨다는 사실이죠. 예수님이 우리를 용서하셨다는 것은 우리의 지난 과거는 물론 현재와 미래의 일까지 용서하셨다는 의미입니다. 우리는 죽어 가는 육체를 안고 살아가는 동안 반복되는 육신의 연약함과 절망을 보게 되죠. 그런데 중요한 것은 이렇게 절망적이고 연약한 인생이라는 것을 알고도 예수님께서 기꺼이 우리를 위해 십자가를 지셨다는 사실이에요. 보통 사람들은 상대의 악함을 알게 되면 결별하려고 해요. 그런데 예수님은 우리의 악함은 물론 모든 연약함을 다 아시고도 끝까지 사랑하셨다는 거죠. 그래서 저는 개인적으로 회개를 죄인 된 인간을 향한 하나님의 은혜 안으로 들어가는 시간이라고 부릅니다."

"하나님의 은혜 안으로 들어가는 시간이요?"

"네. 하나님 앞에 엎드려 회개하다 보면 그분이 나의 과거 죄는 물론 지금의 죄 그리고 내 인생의 남아 있는 삶의 연약함까지 짊어지셨음을 깨닫게 되기 때문이죠. 연약함으로 인해 넘어져 하나님 앞에 머물면서 회개하다 보면 그분이 이미 나의 모든 죗값을 지불했다는 사실을 깨닫게 돼요. 그뿐만 아니라 오늘 이렇게 처절하게 회개해도 육체를 안고 살아가는 동안 여전히 넘어질 가능성을 가진 나를 더 큰 사랑으로 끌어안으시는 예수님의 사랑과 그분의 은혜를 경험하게 되죠. 비록 구원받은 자들이라 할지라도 썩지 않는 몸을 덧입을 때까지 우리는 잠시 죽어 가는 육체 안에 거하게 되죠. 이 육체를 안고 살아가는 동안 우리는 '나'라는 존재가 하나님의 생명에서 단절된 존재였음을 인정할 수밖에 없게 됩니다. 그리고 끊임없이 넘어지고 좌절하는 나의 연약한 모습을 바라보며 이렇게 절망적인 나 같은 자를 살리기 위해 하나님께서 행하신 놀라운 구원에 대해 감사하지 않을 수 없게 되는 것이죠. 그렇기 때문에 죽어 가는 육체를 안고 살아가는 동안 우리는 나의 넘어짐에 시선을 두지 말고 나 같은 죄인을 살리기 위해 기꺼이 독생자를 보내신 하나님의 사랑과 은혜에 시선을 두어야 하는 거예요."

한편의 설교를 듣고 있는 느낌이었다. 우리가 생각하는 용서는 과거나 혹은 잘못한 그 순간이다. 하지만 예수님은 우리가 살아가야 할 앞으로의 삶 속에서 넘어지는 것조차도 끌어안으셨다는 사실에 놀랄 수밖에 없었다. 똑같다고 할 수는 없지만 이것은 자녀를 향한 부모의 사랑과 닮았다. 부모는 죽을 때까지 자녀의 연약함과 잘못을 끌어안는 사랑의 마음을 가지고 그들을 대하지 않는가.

그렇다. 육체를 안고 사는 나는 여전히 넘어진다. 그러나 그 연약함으로 인해 나 자신을 정죄하는 것이 아니라, 나 같은 죄인을 살리신 예수님의 은혜 안으로 들어가는 시간으로 삼아야 한다는 목사님의 말씀이 마음에 깊이 와닿는다. 그래서 목사님은 연약함으로 인해 넘어질 때 하는 회개는 용서를 구하는 차원을 뛰어 넘어 연약한 육신을 안고 살아가는 인생의 여정 동안 하나님이 인간을 어떻게 사랑하셨으며, 또 어떻게 사랑하셨는지를 경험하는 시간이라고 했나 보다. 어쩌면 영원한 몸을 덧입기 전 아주 잠시 머무는 우리의 육체는 내게 행하신 하나님의 놀라운 사랑과 은혜를 볼 수 있도록 하나님께서 남겨둔 마지막 흔적과 같은 것일지도 모른다는 생각이 들었다.

지금 나의 심장 소리가 귀에 들릴 만큼 크게 뛰고 있다.

> 하나님이 직접 오시지 왜 독생자를 보내셨나요?

"목사님, 예전부터 궁금했던 것이 있는데…… 좀 엉뚱한 질문이기는 한데 해도 괜찮을까요?"

"그럼요. 얼마든지요. 제가 아는 만큼은 다 설명해 드리죠."

"음…… 하나님이 예수님의 아버지라고 성경에서 말하잖아요. 그래서 성부라고 하고요. 그런데 하나님이 우리를 사랑하셨다면 아버지인 하나님이 직접 이 땅에 오시지 왜 독생자라고 하는 아들 예수님을 대신 보냈을까요?"

내가 질문해 놓고도 조금 유치하다는 생각이 들었다. 하지만 목사님은 그러한 내 마음과 상관없이 아주 진지하게 그 질문에 응하셨다.

"아주 좋은 질문이네요. 저도 예전에 이 부분에 대해 궁금해한 적이 있었거든요. 이 땅에 오셔서 죽으시려면 성부이신 하나님께서 직접 오시지 왜 당신의 사랑하는 성자 예수님을 보내서 죽게 하셨을까 라는 생각 말이에요. 그런데 여기에는 죄인 된 인간을 향한 성부 하나님의 상상을 초월한 사랑이 담겨 있어요."

"하나님의 상상을 초월하는 사랑이요?"

"네. 하나님의 사랑요. 성도님은 아내와 자녀를 많이 사랑하시죠?"

"당연히 사랑하죠."

"혹시 아내를 위해 죽을 수 있나요?"

쉽지 않은 질문이었다. 하지만 사랑하는 아내를 위해 죽어야 할 순간이 온다면, 그래야 하지 않을까 라는 생각을 하면서도 나의 답변에는 자신이 없었다.

"네…… 아마도……."

"그렇다면 자녀를 위해서는요?"

"정말 제가 죽어야 누군가가 살 수 있다고 했을 때 그 누군가가 제 딸이라면 저는 그렇게 할 것 같아요. 첫째 딸 이름이 하연이인데 하연이를 얻은 이후 처음으로 제가 누군가를 위해 죽어야 한다면 우리 하연이를 위해서는 기꺼이 죽을 수 있겠구나 라고 생각했거든요. 제 생명을 주어도 전혀 아깝지 않을 것 같은 유일한 존재가 있다면 바로 저의 딸 하연이 일 거예요."

"그렇다면 극한 상황에서 내 생명을 버려야 딸의 생명을 구할 수 있다면 기꺼이 성도님의 생명을 던지고 딸의 생명을 구할 수 있다는 말로 이해해도 되겠네요."

"네!"

나의 대답은 짧고 간결했고, 또 확신에 차 있었다.

"저도 그래요. 어쩌면 이러한 마음이 모든 부모의 마음이 아닌가 싶네요. 그런데 한 번만 더 생각해 보면 부모의 생명이나 자녀의 생명은 경중輕重을 따질 수 있는 것이 아니에요. 둘 다 존엄한 인간의 생명이니까요. 어떤 생명이 더 가치 있고 덜 가치 있는 것이 아니라는 말이죠. 비록 성도님이 극한 상황에서 딸을 위해 자신의 생명을 던져 딸을 구했다 해도 딸의 생명이 성도님의 생명보다 더 우월하다고 말할 수는 없어요. 성도님의 생명이나 하연이의 생명 모두 똑같이 가치가 있고 존엄한 생명이기 때문이죠. 그럼에도 성도님이 그러한 결정을 한 이유는 뭘까요?"

"그거야, 제가 하연이를 사랑하기 때문이죠."

"맞아요. 바로 그거예요. 성도님이 자신의 생명보다 딸 하연이의 생명을 더 사랑하고 소중하게 여겼기 때문이겠죠. 더 사랑하고 소중히 여겼다고 해서 하연이의 생명이 아빠의 생명보다 더 소중한 것은 결코 아니지만, 적어도 아버지에게는 자신의 생명보다 딸의 생명이 더 소중하게 여겨진 거예요. 이쯤에서 다른 질문을 하나 해볼게요. 그렇다면 누군가를 위해 딸 하연이의 생명을 내어 줄 수 있나요?"

"아니요. 절대로 그럴 수는 없죠."

"그런데 하나님은 죄인 된 인간을 위해 내어 주셨어요. 성부 하나님과 성자 하나님과 성령 하나님의 생명은 경중을 따질 수 있는 생명이 아니에요. 세 분 모두 하나님으로서의 동등한 생명의 가치가 있어요. 그런데 성부 하나님은 성자 하나님의 생명을 당신의 생명보다 더 소중히 여기셨고, 그 소중한 성자 하나님을 우리에게 보내 주신 거예요. 어쩌면 성부 하나님은 성자 하나님을 보내는 것보다 당신이 오시는 것이 더 쉬웠을지도 몰라요. 그런데 그분은 아들 하나님을 보내 주셨죠. 그러면서 마치 우리에게 이렇게 말씀하고 있는 것 같아요. '내 생명보다 더 귀하고 소중히 여기는 독생자를 줄 만큼 나는 너희를 사랑한다'라고 말이에요 "자기 아들을 아끼지 아니하시고 우리 모든 사람을 위하여 내주신 이가 어찌 그 아들과 함께 모든 것을 우리에게 주시지 아니하겠느냐"_롬8:32. 이런 성부 하나님의 마음에 대한 이야기가 아브라함이 이삭을 바치는 사건에서 잠깐 등장해요. 우리는 보통 하나님께서 아브라함에게 이삭을 요구하신 사건을 통해 하나님을 향한 아브라함의 '사랑과 순종'만을 보려고 하는데, 이 사건에는 하나님을 향한 아브라함의 사랑과 순종뿐만 아니라 우리를 향한 하나님의 절대적인 사랑의 이야기가 담겨 있어요."

"아브라함이 이삭을 바친 사건 말씀하는 건가요?"

"네, 그 이야기는 알고 계시죠?"

"그럼요. 알고 있죠."

"하나님께서 아브라함에게 이삭을 바치라고 요구하신 모리아 산은 집에서 사흘 정도 걸리는 곳이었어요. 또다시 질문해 볼게요. 집을 나선 아브라함이 첫째 날 잠을 잤을까요?"

"잠이요? 음…… 아마도 못 잤을 것 같네요."

"왜 그렇게 생각하시나요?"

"아들을 볼 수 있는 시간이 며칠 안 남았기 때문이죠."

"그렇죠. 아브라함은 결코 잠을 잘 수 없었을 거예요. 이틀 뒤면 아들을 자기 손으로 직접 잡아야 했기 때문이죠."

"그럼 둘째 날과 셋째 날은 어땠을까요?"

"물론 그때도 잠을 못 잤을 것 같아요."

"아마도 아브라함의 눈은 밤새 아들을 바라보며 흘린 눈물로 충혈되었을 것이고, 그로 인해 많이 지쳤을지도 모르겠네요. 그렇게 아브라함은 둘째 날 밤도 설쳤을 거예요. 그리고 특히 셋째 날은 더더욱 그랬겠죠."

"하나님께서 아브라함에게 참으로 무리한 것을 요구하신 것 같다는 생각이 들어요."

"우리가 처음 만났을 때 제가 성경의 장르를 뭐라고 했는지 기억하세요?"

"인간을 향한 하나님의 러브스토리라고 하셨어요."

"잘 기억하고 계시네요. 그렇다면 아브라함의 이 사건을 성경에 기록한 것 역시 이 일을 통해 인간을 향한 하나님의 사랑을 이야기하고 싶어서였을 거예요."

"그렇지만…… 그래도 좀……."

"모리아 산 정상에 도달하는 사흘 내내 아브라함은 잠을 못 잤을 거예요. 사흘 후 그곳에서 무엇을 해야 할지 아는 사람은 아브라함뿐이었으니까요. 아브라함에게 있어서 이삭을 번제로 드리라는 하나님의 요구는 정말 자신이 죽는 것보다 더 어려웠을 거예요. 그리고 아브라함이 아들 이삭을 번제로 드리려면 자신의 마음이 먼저 하나님께 번제로 드려지지 않으면 불가능했을 거예요. 즉, 아브라함에게 사흘 길은 아들 이삭을 번제로 드리기 전 자신이 먼저 하나님께 번제로 드려지는 시간이라 할 수 있어요. 자신이 먼저 드려지지 않고서는 결코 아들을 드릴 수 없기 때문이죠."

"한 번도 생각해 보지 않은 이야기인데…… 맞는 말이라 여겨지네요. 아브라함의 마음은 사흘 내내 시커멓게 타들어 가고 있었을 것이고, 마지막 사흘째는 완전히 다 타서 재만 남았을 거라 생각되네요."

"그렇겠죠. 어쩌면 성경을 여기까지 읽으면 '아브라함이 참 대단하구나!'라고 감탄하면서 '나는 죽어도 그렇게는 못할 것 같다'라고 말하며 성경을 덮어 버릴지도 모르겠어요. 그러나 하나 더 발견해야 할 것이 있어요. 바로 인간을 향한 하나님 아버지의 사랑이 이와 같다는 거예요."

"인간을 향한 하나님의 사랑이요?"

"하나님은 당신의 생명에서 단절된 인간을 구원하기 위해 독생자이신 예수님을 우리에게 보내 주기로 약속하셨어요"내가 너로 여자와 원수가 되게 하고 네 후손도 여자의 후손과 원수가 되게 하리니 여자의 후손은 네 머리를 상하게 할 것이요 너는 그의 발꿈치를 상하게 할 것이니라 하시고"_창 3:15. 그리고 결국 십자가에 당신의 독생자를 못 박으셨죠.

이 이야기가 신약에 기록되어 있어요. 그렇다면 적어도 구약의 내용은 하나님에게 있어서는 아브라함이 걸었던 사흘의 여정이라 할 수 있을 거예요. 하나님은 당신이 사랑하는 독생자를 언제 어느 곳에서 못 박아야 하는지 알고 있는 유일한 분이셨으니까요. 인간이 범죄 할 때마다 하나님은 예수님의 십자가를 계속해서 마음에 그리셨을 거예요. 다시 말해 아들을 우리에게 주기 위해서는 하나님 아버지께서 당신을 먼저 우리에게 주지 않고는 불가능했다는 이야기죠. 마치 아들 이삭을 하나님께 드리려면 아버지 아브라함의 마음이 먼저 드려져야 했듯이 말이에요. 하나님께서 독생자를 주셨다는 것은 예수님 이전에 하나님 아버지께서 당신을 우리에게 먼저 주셨다는 의미가 마음에 다가오네요. 그 이야기가 바로 구약의 이야기입니다. 그래서 저는 개인적으로 구약은 하나님의 눈물 자국으로 가득 차 있는 사랑의 이야기라고 정의하죠."

목사님은 이 부분을 이야기하면서 중간중간 울먹였다. 분명한 이유는 알 수 없었지만 목사님은 죄인 된 인간을 향한 하나님 아버지의 사랑에 압도된 것 같았다.

목사님의 말씀대로라면 하나님은 아들 예수님을 죽음의 자리로 보내신 피도 눈물도 없는 아버지가 아니라, 우리를 위해 독생자를 주기 이전에 먼저 당신을 우리에게 주신 사랑의 하나님이라는 사실을 부인할 수가 없을 것이다.

아브라함의 이야기가 이렇게 새롭게 다가오기는 처음이었다. 내 아내는 하나님보다 더 사랑하고 소중히 여기는 것이 있다면 그것이 바로 자신에게 있어서는 이삭이라며 그것을 하나님께 드려야 한다는 식의 신앙에 매여 때로는 불안해했고, 힘들어했던 적이 많았다.

잠시의 침묵이 흘렀다. 그리고 목사님이 이야기를 이어나갔다.

"하나님은 예수님만 우리에게 주신 것이 아니에요. 하나님 당신을 먼저 우리에게 주셨어요. 성도님도 알다시피 우리가 얼마나 연약합니까? 하나님의 뜻이 무엇인지 깨달아 알면서도 그렇게 살지 못해 넘어질 때가 얼마나 많은가요? 하나님은 그러한 우리의 연약함을 다 끌어안았고 또 사랑하셨던 거예요."

목사님과 헤어지고 집으로 가는 내내 오늘 목사님이 들려주었던 하나님의 사랑 이야기가 마음에서 떠나질 않는다. 목사님은 모리아 산 정상에 하나님께서 예비해 두신 숫양의 뿔이 나뭇가지에 걸려 있었는데, 이것은 하나님께서 당신의 독생자이신 예수 그리스도를 십자가라는 나무 위에 못 박아 옴짝달싹 못하게 한 사건을 의미한다고 했다. 그러니까 하나님은 애초에 아브라함에게 이삭을 원했던 것이 아니라 아브라함이 아들 이삭을 모리아 산으로 데려오는 과정을 통해 우리에게 독생자를 보내주실 때 하나님 아버지의 마음이 어떨지 경험시켜 주려고 하셨다는 것이다.

가슴이 먹먹했다. 그리고 아브라함은 모리아 산에서 아들 이삭과 함께 내려왔지만, 하나님은 결코 그곳에서 내려 올 수 없으셨다고 이야기했다. 실제로 아들을 잡으신 분은 아브라함이 아니라 하나님이었던 것이다. 먹먹한 상태로 집으로 돌아가는 길에 '도대체 왜? 우리가 뭐라고 하나님은 그렇게까지 하셔야만 했는가?'라는 질문이 머릿속에서 떠나질 않았다. 그러면서 이 질문에 대해 스스로 대답하고 있는 나 자신을 발견했다.

'무슨 이유가 있겠는가? 사랑이다. 나도 나의 두 딸과 막내아들을 조건 없이 사랑하는데……'

그렇다. 우리를 향한 하나님의 그 사랑이 모든 것을 설명해 줄 충분한 이유가 된다. 그리고 그것은 목사님이 말씀하신 것처럼 은혜라고밖에 해석이 안 된다.

'점점 신앙인이 되어 가는 건가?'라는 생각과 함께 그동안 하나님이라는 분을 믿지 않기 위해 말도 안 되는 질문들만 쏟아 놓았던 나의 모습이 조금 부끄럽기까지 했다. 그리고 다른 이들이 알려 준 하나님! 언론과 뉴스, 신문, 영화를 통해 보여지는 하나님이 아니라, 성경이 보여 주고 있는 하나님을 조금 더 깊이 알아보고 싶은 마음이 생겼다. 나는 그렇게 무겁지만 결코 싫지만은 않은 발걸음을 내디디고 있었다.

3

세 번째 만남

복음을 채우다

> 삼위일체에 대해

 늘 목사님이 먼저 와서 기다리셨는데 오늘은 내가 10분 일찍 도착했다. 예수님을 조금씩 알아가게 되면 이렇게 변하는 걸까? 목사님과의 만남이 점점 기다려진다. 이러한 낯선 나의 행동에 피식 웃음이 났다.

"오! 먼저 와서 기다리셨네요. 늦어서 죄송합니다."
"아니에요. 오늘은 제가 여유가 있어서 조금 일찍 나왔어요. 목사님, 차는 어떤 것으로 드시겠어요?"

"아메리카노 연하게 부탁드려도 될까요?"

"네, 잠시만요."

'어쩜 나랑 커피 마시는 취향까지 똑같을까' 생각하면서 아메리카노를 연하게 두 잔을 주문했다.

"목사님, 많이 바쁘실 텐데 이렇게 시간 내주셔서 감사합니다."

"무슨 말씀을요. 저만 시간을 내는 게 아니라 성도님도 저에게 시간을 내주시는 건데요. 저도 감사합니다."

"지난주 목사님께서 해주셨던 말씀으로 인해 가슴 뜨거운 한 주를 보낼 수 있었어요. 그렇다고 믿음이 확 생긴 것은 아니지만요. 그래도 성경을 바라보는 관점이 조금 달라져 가고 있다고나 할까요. 암튼 그렇습니다."

"한 주를 그렇게 보내셨다니 제가 더 감사하고 보람되네요."

"그런데 지난주에 성부 하나님과 성자 예수님에 관해 이야기하면서 성령 하나님도 이야기하셨는데, 그 세 분을 삼위일체라고 하나요?"

"네, 맞아요."

"그렇다면 하나님이 세 분이라는 말인가요?"

"그건 아니에요. 하나님은 한 분이십니다."

"네? 세 분이 아니라 한 분이라고요? 이해하기가 조금 어렵네요."

"그렇긴 하죠. 사실 삼위일체란 말이 성경에 나와 있지는 않아요. 가끔 우리나라에 없는 단어를 외국 말에서 차용해서 쓰는 경우가 있는데 이것은 나라마다 언어의 한계가 있기 때문이에요. 더군다나 하늘의 언어를 이 세상의 언어로 다 표현한다는 것은 불가능하거든요. 삼위 하나님을 인간의 언어로 설명하는 것 역시 한계가 있기는 마찬가지이고요. 다만, 우리는 삼위 하나님이 어떠한 모습으로 계시는지를 성경을 통해 확인할 뿐이에요. 완전하게 설명하기는 힘들겠지만, 그래도 할 수 있는 한 삼위일체에 대해 간략하게라도 이야기해 볼게요. 성부 하나님, 성자 하나님, 성령 하나님은 각각 독립적으로 존재하세요. 서로 붙어 있는 것이 아니라 개별적이고 독립적인 신격을 갖고 계시다는 의미죠. 이것은 한 명이 여러 이름으로 불리는 것과는 달라요."

"목사님, 그렇다면 하나님을 세 분이라고 말해도 되는 거 아닌가요?"

"인간의 관점으로 보면 독립된 세 분의 하나님이 계십니다. 그런데 하나님께서 당신을 소개하실 때 '우리는 하나다'라고 표현하셨어요. 완전한 비유가 될 만한 것이 없기는 하지만 그래도 어느 정도 비슷한 예를 든다면 부부 관계라고 할 수 있겠네요. 부부는 남자와 여자 이렇게 독립적으로 나뉘어 있는데, 하나님은 이 독립적인 사람이 부부가 되면 둘이 한 몸이라고 정의를 하십니다. 부부 사이가 사랑으로 연합되어 있기에 그렇게 정의한 거라고 할 수 있죠. 그런데 삼위 하나님은 인간이 불완전한 사랑으로 부부가 되어 한 몸을 이루는 것과는 비교할 수 없는, 완벽하고 완전한 사랑의 관계로 한 분이 되신 거예요."

"음…… 그럼 목사님의 이야기는 성부, 성자, 성령 하나님이 각각 독립적으로 계시고 인간의 관점에서 볼 때 세 분이지만, 하나님이 당신 스스로를 하나라고 말씀하셨기 때문에 우리는 세 분의 하나님을 한 분으로 믿으면 된다는 뜻인가요?"

"네, 맞아요. 그리고 세 분 하나님을 한 하나님이라고 말할 때 어느 한 분이 열등한 것이 아니라 세 분 모두 동등하다는 것을 의미해요."

"각각 독립적으로 계시지만 서로가 동등한 능력을 가지고 계신 한 하나님이라는 말씀이네요."

"네, 바로 그거예요."

완전히 이해가 되는 건 아니지만 그래도 이렇게 설명을 들으니 조금이나마 이해가 되는 듯했다.

"삼위 하나님은 모든 면에 있어 동등한 능력이 있는 한 하나님이며, 인간을 구원하실 때도 삼위 하나님이 한마음으로 우리에게 다가오셨어요. 성부 하나님께서 죄인 된 인간을 구원하기 위한 계획을 말씀하셨다면, 성자 예수님은 그 계획을 온전히 이루신 분이고, 성령 하나님은 성부 하나님께서 계획하시고 성자 하나님께서 온전히 이루신 구원을 우리로 하여금 믿을 수 있도록 하시는 분이에요. 가끔 스스로를 보혜사 성령이라고 말하면서 자신이 가르쳐주는 말씀을 깨달아야 구원을 얻는다고 거짓말을 하는 이단 교주가 있어요. 하지만 성령 하나님은 사람들이 하나님께로 갈 수 있는 유일한 길은 예수님뿐이라는 사실을 깨닫게 하셔서 우리의 발걸음이 예수님께로 향하게 하시는 분이에요."

"그동안 하나님과 예수님에 대한 이야기는 그래도 어느 정도는 들어 봤는데, 성령님에 대한 이야기는 자주 들어 보지 못했던 것 같아요."

"그러셨군요. 때마침 제가 오늘 나누려고 하는 주제가 성령님인데 잘 되었네요. 앞서 이야기했듯이 성령님은 삼위 하나님 중 한 분 하나님이시며, 예수님을 믿어 영원한 생명을 가진 사람들 안에 오시는 분이시죠."

가까이 오신 성령님

"가끔 아내가 '성령님께서 이렇게 말씀하셨는데요'라고 말하는데 그게 가능한가요?"

"그럼요, 가능해요. 성령님은 예수님을 믿는 사람들 안에 계시거든요."

"저는 하나님이 성경에 나오는 모세나 선지자들에게만 말씀하신 줄 알았는데 우리와 같은 성도들에게도 말씀하시나 봐요."

"성경이 없었던 시절에는 하나님께서 환상과 초자연적인 모습으로 나타나서 말씀하실 때가 많았어요. 하지만 성경이 주어진 이후 하나님은 성경, 다시 말해 기록된 하나님의 말씀을 통해서 우리 곁으로 가장 많이 다가오세요. 물론 그렇다고 해서 지금은 결코 초자연적으로 말씀하지 않는다는 것은 아니에요."

"그러니까 성경이라는 하나님의 기록된 말씀이 있기 전에는 환상이나 신비한 모습으로 인간에게 찾아와 말씀하셨지만, 성경이 기록된 이후에는 성경을 통해 우리에게 가장 많이 말씀하신다는 뜻이네요."

"네. 맞아요. 성경에는 이 땅을 살아가는 인간들에게 필요한 모든 영적 원리가 충분히 담겨 있어요. 성령 하나님은 바로 이러한 성경에 기록된 말씀을 우리로 하여금 깨닫게 하시고, 생각나게 해주세요. 그뿐만 아니라 때로는 성경의 원리를 우리에게 가르쳐 주시기도 하죠."

"성령 하나님에 대해 좀 더 자세히 설명해 주실 수 있을까요?"

"네, 물론이죠. 성령님은 하나님께서 인간에게 얼마나 가까이 오셨는지 보여 주는 분이기도 해요. 구약의 대표적 인물을 꼽으라고 하면 단연 모세일 거예요. 모세는 율법의 대표이기도 하죠. 그런 모세가 하나님의 얼굴을 보고자 했을 때 그분의 크심을 감당할 수 없어서 볼 수가 없었어요. 초월해 계신 하나님을 인간이 다 담아내기에는 불가능했던 것이죠. 그렇다면 인간이 영영 하나님을 볼 수 없는 것일까요?"

"네. 아마도 그럴 것 같은데요."

"아니요. 그렇지 않아요. 초월해 계신 크신 하나님이 인간의 몸을 입고 우리 곁에 와 주시면 가능하죠. 실제로 하나님께서 인간의 몸을 입고 우리 곁에 오셨어요. 성경은 이렇게 인간의 몸을 입고 세상에 오셔서 인간과 친히 함께 사셨던 예수님을 임마누엘, 즉 우리 곁에서 우리와 함께 계시는 하나님이라고 표현했어요. 인간의 몸을 입고 오셨기에 사람들은 그분을 만져도, 눈으로 보아도 이제 죽지 않을 수 있게 된 거죠. 그런데 당시 사람들은 하나님이 인간의 몸을 입고 이 땅에 오셨음에도 그분이 우리 곁으로 오신 하나님이라는 사실을 깨닫지 못했어요. '설마 하나님이 이렇게까지 우리 가까이 오셨을까?'라고 생각한 거죠. 더 놀라운 사실은 인간 곁에 함께 계셨던 예수님이 당신의 십자가 사건과 부활 사건 이후 우리 곁에 더 가까이 오셨다는 거예요. 바로 우리 안으로 들어오신 거예요. 다시 말해 우리 곁에 계셨던 하나님이 이제는 우리 안에 함께 거주하게 된 것입니다. 그래서 성경은 예수님을 믿어 하나님의 자녀가 된 자들을 성령 하나님이 거하시는 하나님의 집, 혹은 하나님의 성전이라고 표현하는 거예요. "너희 몸은 너희가 하나님께로부터 받은 바 너희 가운데 계신 성령의 전인 줄을 알지 못하느냐 너희는 너희 자신의 것이 아니라"_고전 6:19."

"우리 안에 하나님이 거하신다고요? 어떻게 그런 일이 있을 수가 있죠?"

"성경에 있는 이야기를 통해 설명하면 좋을 것 같네요. 성경에 다윗이란 왕이 등장합니다."

"다윗 왕이야 저에게도 익숙하죠. 목동이었던 소년 다윗이 골리앗과 싸워서 이겼다는 이야기는 저희 아이들도 무척이나 좋아하거든요."

"네, 맞아요. 골리앗과 싸워서 이긴 용감한 소년. 그 다윗은 이후에 이스라엘의 왕이 되었어요. 그리고 하나님의 성전을 지으려고 했지요. 이스라엘 사람들에게 성전이 갖는 의미는 절대적이거든요. 성전은 죄인 된 인간이 하나님을 만날 수 있는 유일한 장소였기 때문이죠. 그래서 다윗이 하나님의 성전을 짓는 것에 더 집착했는지도 모르겠어요. 당시 하나님의 성전은 건물이 아닌 천막으로 되어 있었어요. 그렇다 보니 다윗이 자신은 왕으로서 화려한 궁궐에 있는데 하나님은 초라한 천막에 계신 것이 마음에 걸렸던 거예요. 하지만 하나님께서는 다윗 왕이 성전을 짓도록 허락하지 않으셨죠."

"하나님이 허락하지 않으셨다고요? 왜 허락을 하지 않으셨죠?"

"표면적인 이유는 다윗이 피를 많이 흘렸기 때문이라고 하셨어요.*여호와의 말씀이 내게 임하여 이르시되 너는 피를 심히 많이 흘렸고 크게 전쟁하였느니라 네가 내 앞에서 땅에 피를 많이 흘렸은즉 내 이름을 위하여 성전을 건축하지 못하리라*_대상 22:8. 하지만 전체적인 성경의 흐름 속에서 재해석하면,

성전에 대해 하나님이 가지고 계셨던 계획이 따로 있었어요."

"다른 계획이 있으셨다는 말씀인가요?"

"네, 다윗은 하나님께서 이스라엘에 주시겠다고 약속한 가나안 땅을 완전히 정복한 유일한 왕이었어요. 그러한 정복 전쟁을 하다 보면 손에 피를 묻히는 건 당연한 법이죠. 그런데 손에 피를 묻혔기 때문에 성전을 건축할 수 없다는 것은 좀 이해하기 힘들어요. 이 부분을 이해시켜주는 구절이 바로 열왕기상 5장 3절에서 5절 내용이에요."

"어떤 내용인데요?"

"제가 직접 설명해 드릴게요. 성전은 다윗이 아닌 그의 아들 솔로몬이 건축하게 되는데 성전을 건축하기에 앞서 솔로몬이 어떻게 성전을 건축하게 되었는지 이야기합니다. 솔로몬은 자신의 아버지 다윗이 전쟁을 하여 사방의 모든 원수도 사라지고 재앙도 사라지게 되었다고 말을 했어요. 하나님은 성전을 건축하기 전 다윗을 통해 모든 원수를 그의 발바닥 아래 둘 때까지 기다리셨던 거예요. 즉, 다윗의 사명은 성전을 건축하기 전 모든 원수와 재앙을 없애는 것이었죠. 이러한 사명은 다윗의 후손으로 오셔서 우리의 원수인 마귀를 멸하고 죄와 죽음의 권세를 깨뜨리실 예수님의 십자가 사건을 의미하기도 해요. 성전과 성막의 가장 큰 차이가 무엇인지 혹시 아세요?"

"글쎄요······."

"그것은 바로 이동 여부예요. 성전은 한번 건축하면 이동할 수 없어요. 하지만 성막은 때에 따라 이동할 수 있죠. 성전이 이동하지 않으려면 더는 전쟁이나 재앙이 없어야 하는 거예요. 즉, 성전이 세워졌다는 것은 모든 원수가 사라졌다는 선언과 같아요. 정리해 볼게요. 성전이 세워지기 전 반드시 선행되어야 할 사건이 모든 원수와 재앙 그리고 저주가 사라지는 거예요. 하나님은 우리를 성령이 거하시는 성전으로 삼기 위해 예수 그리스도를 십자가에 못 박으셨어요. 그분의 피 흘리심으로 죄와 죽음의 권세 그리고 원수 마귀의 권세가 깨뜨려졌고, 이제 우리 안에 성령님이 찾아오실 수 있게 된 거예요."

목사님의 짤막한 설교 한편을 듣고 난 지금, 아직도 조금은 혼돈이 되지만 이해가 되기도 한다. 피 흘리며 싸웠던 다윗 왕, 그리고 그 이후 솔로몬을 통해 성전이 세워졌던 모습은 예수님이 십자가에서 피 흘리신 사건 이후에 믿는 자들 안에 주어진 완전한 평화를 상징하는 성전의 모습으로 나타났기 때문이다. 그렇다면 '성령님이 우리에게 이토록 가까이 오실 수 있었던 것은 예수님의 십자가 사건 때문에 가능했던 거구나'라는 생각과 동시에 예수님의 십자가 사건이 이토록 절대적인 사건이었나 싶을 만큼 예수님의 죽으심이 무겁게 다가왔다.

생각을 정리한 후 목사님께 다시금 질문을 던졌다.

"예수님이 십자가에서 피 흘리신 사건 이후 우리 안에 완전한 평화를 상징하는 성전이 세워졌다는 것은 어느 정도 이해가 되네요. 그렇다면 성령님이 지금 믿는 사람들 안에 와 계시다는 말씀인가요?"

"네, 그렇습니다."

"그러면 그것을 어떻게 확인할 수 있죠?"

"성령님이 우리 안에 계시는지를 알려면 먼저 성령님이 어떤 분인지 알아야 해요. 예를 들어 볼게요. 살아있는 것은 생각을 합니다. 이 말은 죽은 것은 결코 생각을 할 수 없다는 말과 같아요. 살아 있는 강아지도 생각을 하고, 살아있는 사람도 생각을 하죠. 하지만 어떤 존재이든 아무리 살아 있다 해도 그 존재 이상의 생각은 할 수는 없어요."

"존재 이상의 생각이요?"

"네. 다시 말해 강아지라는 존재는 강아지 차원의 생각만 할 수 있고, 인간은 인간 차원의 생각을 한다는 거예요. 아무리 똑똑한 강아지라고 해도 강아지가 인간 차원의 생각을 한다는 것은 불가능하다는 거죠."

"그야 그렇죠."

"마찬가지예요. 인간 역시 인간 차원에서의 생각만 할 수 있을 뿐, 인간이 하나님 차원의 생각을 한다는 것은 불가능해요. 하나님은 하나님 차원의 생각을 하시거든요."

강아지는
강아지 수준의 생각

하나님은
하나님 수준의 생각

그러나
내 원대로
마시옵고
아버지의 원대로
……

"아…… 네……."

"제가 한 가지 질문을 해볼게요. 예수님께서 인간의 몸을 입고 이 땅에 사셨을 때 예수님이 하나님이신 것을 알았던 사람이 몇 명이나 될까요?"

"많이 몰랐을 것 같은데요."

"맞아요. 거의 몰랐어요. 처음에는 제자들조차도 예수님이 하나님이라는 사실을 제대로 알지 못했어요. 몰랐던 가장 큰 이유 중 하나가 앞에 설명했듯이 하나님이 이렇게까지 가까이 오실 거라고는 상상도 못 했기 때문이에요. 대부분 하나님 하면, 그분은 초자연적인 음성으로 인간에게 말씀하실 것으로만 알았지 사람 곁에 가까이 오셔서 사람의 언어로 이야기하실 거라고는 꿈에도 생각지 못했을 거예요."

"하긴, 저라도 그랬을 것 같아요."

"그렇다면 예수님의 말투는 어땠을까요?"

"예수님의 말투요? 음…… 부드럽지 않았을까요? 그래도 하나님이시니까요."

"예수님은 예루살렘, 그러니까 우리 식으로 하면 서울 사람은 아니에요. 갈릴리 시골에서 태어나셨기에 아마 사투리도 조금 쓰시지 않았을까 싶네요. 그리고 예수님이 말씀하실 때 천둥 번개나 어떠한 울림도 없었을 거예요. 그냥 옆집 아저씨가 부르는 것처럼 제자들의 이름을 부르셨을 거예요. 너무나도 가까이 오신 거죠. 그러다 보니 제자들조차 예수님의 음성이 하나님의 음성이라는 것을 깨닫지 못했던 거예요."

"사투리를 쓰시고, 옆집 아저씨 같은 예수님이라…… 상상이 안 되네요."

"하하하. 그럴 수 있죠. 그런데 성령 하나님은 우리 곁에 한 걸음 더 가까이 오셨어요. 바로 우리 안으로 오신 거죠. 그분은 우리 안에 오셔서 우리에게 당신의 생각을 표출하세요. 그런데 많은 사람이 자신의 내면에서 일어나는 생각이 설마 하나님의 생각일까 싶은 마음에 가볍게 지나치는 경우가 너무 많아요. 마치 예수님께서 인간 곁에 오셨을 때 사람들이 '설마 저분이 하나님이겠어?'라고 생각했던 것과 같은 반응을 보이는 거죠. 우리가 성령님을 이해할 때 중요한 것 중 하나는 바로 하나님께서 인간 가까이 오셨다는 사실이에요. 그렇다면 예수님은 성령님을 어떻게 소개하셨을까요?"

"……"

"예수님은 당신께서 이 땅의 모든 사역을 마치시고 하나님께로 가실 때 '성령님이 오실 텐데 그분이 오면 내가 너희에게 했던 말을 기억나게 해주실 것이다. 그리고 그분은 죄와 의, 심판에 대해 너희들에게 가르쳐 줄 것이다'라고 말씀하셨어요. 즉, 예수님을 믿는 자들 안에 계시는 성령님은 예수님께서 우리에게 원하시는 삶이 무엇인지, 혹은 거절해야 할 삶은 어떤 것인지 깨닫게 해주신다는 거예요."

"목사님의 이야기는 마치 제 안에서 일어나는 생각들이 다 저의 생각이 아니라는 것으로 들리네요."

"맞아요. 우리 안에 일어나는 모든 생각이 다 '나라는 사람'의 생각은 아니에요."

옛사람과 새사람이 존재한다고요?

"우리 안에는 옛사람의 나와 새사람의 나, 이렇게 두 종류의 내가 있어요."

"네? 두 종류의 내가 있다고요?"

"네. 성도님의 부모의 씨는 성도님의 몸과 생각을 만들어 내죠. 그리고 부모의 씨는 범죄한 첫 사람 아담의 생명이기도 하고요. 다시 말해 이 땅에 존재하는 모든 사람은 범죄한 아담이 가지고 있는 씨를 받아서 태어난 자들이에요. 그 씨는 우리의 몸과 이성을 만들어 내죠. 성경은 아담의 씨로 인해 만들어진 나를 옛사람, 혹은 옛 자아라고도 불러요. 범죄한 아담의 씨가 우리의 옛사람의 모습을 만들어 내긴 하지만 이 옛사람의 생명이 가진 취약점은 아주 유한하고, 죽음 앞에서 약하다는 거예요. 반면 죽음을 이기고 부활하신 예수님의 씨도 무언가를 만들어 내죠. 바로 영의 몸이에요 "육의 몸으로 심고 신령한 몸으로 다시 살아나나니 육의 몸이 있은즉 또 영의 몸도 있느니라"_고전 15:44. 이 영의 몸은 썩지 않는 몸이며 마지막 날 예수님이 다시 오실 때 주어지는 구원의 선물이기도 해요. 그런데 이 썩지 않는 영의 몸보다 먼저 만들어지는 것이 있어요. 바로 우리의 영성경은 하나님과 관계가 맺어진 존재를 영이라고 표현함이에요. 성경은 부활의 생명을 가진 예수님을 통해 내 안에 만들어진 또 다른 나를 영, 혹은 새로운 피조물, 새사람이라고 불러요. 그런데 새롭게 만들어진 영은 썩지 않는 몸을 덧입을 때까지 썩어 없어질 육체 안에 잠시 거하게 되죠. 다시 말해 아담의 씨가 만들어 낸 우리의 옛사람과 잠시 불편한 동거가 이뤄지는 거예요."

"불편한 동거요? 마치 영화 제목 같네요."

"그런가요? 하하하. 제가 불편한 동거라고 말하는 이유는 아담의 씨, 그러니까 유한한 생명을 가진 부모의 씨가 만들어 낸 우리의 옛사람과 부활하신 예수님의 생명을 통해 만들어진 새사람의 생각은 추구하는 것이 완전히 다르기 때문이에요. 하지만 우리의 몸이 한 줌의 흙으로 돌아갈 때 이러한 갈등도 끝이 날 것이기 때문에 '잠시' 불편한 동거라고 한 거예요. 이 두 존재가 하는 생각의 특징을 잠깐 살펴보면 옛사람의 생각은 하나님 차원의 생각과는 완전히 반대되는 죄악 된 생각이라는 거예요. 성경은 이러한 육신의 생각이 하나님과 원수가 될 만큼 안티적이라고 말해요 "육신의 생각은 하나님과 원수가 되나니 이는 하나님의 법에 굴복하지 아니할 뿐 아니라 할 수도 없음이라"_롬 8:7. 반면 새롭게 창조된 우리의 영, 즉 새로운 피조물이 된 새사람의 생각은 하나님이 제시하는 길과 방향을 무척이나 기뻐해요"내 속사람으로는 하나님의 법을 즐거워하되"_롬 7:22. 그래서 예수님을 믿게 되면 서로 다른 씨가 만들어 낸 두 존재가 우리 내면에서 갈등을 일으켜 싸우게 되는 것이죠."

"놀랍네요. 그런데 그걸 지금 저보고 믿으라는 말씀인가요? 그러니까 목사님은 예수님을 믿지 않는 사람들에게는 존재하지 않는 새로운 존재, 다시 말해 거듭난 새사람이 예수님을 믿는 자들에게 있다는 말씀인 거죠?"

"네, 그래요. 그 존재는 예수님의 생명의 씨가 심어질 때, 그러니까 예수님을 믿을 때 내 안에서 새롭게 창조된 진짜 나라는 존재예요."

"육신의 부모로부터 물려받은 '나'라는 존재가 있고, 부활하신 예수님을 통해 새롭게 만들어진 '나'란 존재가 있다니……. 목사님은 이 두 존재가 모두 내 안에 분명히 있는데, 애당초 아담을 시작으로 육신의 부모로부터 물려받은 나라는 존재는 하나님이 기뻐하시는 생각을 좋아하지 않는 반면, 예수님을 믿을 때 내 안에 새롭게 만들어진 속사람이자 새사람인 나라는 존재는 예수님이 원하시는 것을 좋아한다는 말씀이네요."

"그렇습니다. 그래서 예수님을 믿는 자들은 자신 안에 있는 두 존재가 싸우고 갈등하는 것을 자주 느끼게 되죠. 하지만 하나님은 이 둘 중 참된 나는 옛사람이 아니라 예수님의 생명을 통해 새롭게 창조된 새사람이라고 말씀하세요. 그래서 옛사람의 요구에 따라 살지 말고 새사람의 요구에 따라 살아가라고 하시는 거예요."

"처음에는 말도 안 된다고 생각을 했는데 목사님과 계속 이야기를 나누다 보니 제 안에서도 그러한 내적 갈등이 있었다는 것을 부인할 수가 없네요. 제 안에도 하나님의 뜻대로…… 그러니까 성경에서 제시하는 대로 살고자 하는 간절한 마음과 세상의 즐거움을 추구하는 마음이 자주 싸우는 게 사실이거든요."

"성도님, 우리의 옛사람이 추구하는 것은 대부분 자기중심적인 만족과 즐거움이에요. 그리고 한시적이고 사라질 세상에 초점이 맞춰져 있죠. 하지만 새사람이 추구하는 것은 썩지 않는 하나님의 말씀과 영원한 나라에 초점이 맞춰져 있다고 보면 돼요. 이것은 아직 하나님을 알지 못하는 자들이 어디로 여행을 하고, 또 무엇에 투자할지 갈등하는 것과는 다른 차원의 갈등이기도 하죠. 정리하면 성경이 옛사람의 요구를 거절하고, 새사람의 요구를 추구하라고 말하는 이유는 옛사람은 사라질 이 세상에 시선을 두고 그것을 추구하며 살게 만드는 반면, 새사람은 영원한 하나님 나라에 시선을 두고 살아가게 만들기 때문이죠."

> 내 안에 계신 성령님 찾아보기

목사님의 이야기를 듣고 보니 내가 아내를 따라 7년간 교회를 다닌 이후 최근 1~2년 사이에 이러한 갈등이 시작되어 왔다는 것에 스스로 놀라고 있었다.

"그런데 목사님, 성령님과 내 영은 어떻게 다른가요?"

"우리의 영은 예수님을 믿을 때 그분의 생명이 심어짐으로 새롭게 만들어져요. 마치 어린아이가 태어나듯 새로운 존재로 태어나는 것이죠. 새롭게 태어난 우리의 속사람은 하나님이 기뻐하시는 것만 하기를 원하지만 전지전능하지는 못해요. 그래서 하나님께서 무엇을 기뻐하시는지 모두 다 알지 못하죠. 이때 우리 안에 계시는 성령님께서 말씀을 전하는 사람들을 통해, 혹은 성경 말씀을 듣거나 읽을 때 하나님의 뜻이 무엇인지, 하나님이 기뻐하시는 것이 무엇인지 하나하나 가르쳐 주세요. 마치 아버지가 자녀를 양육하듯 말이죠."

"……"

"조금 더 자세히 설명해 볼게요. 예수님의 생명이 심어질 때 만들어진 우리의 속사람이 영원한 것을 추구한다면, 성령님은 절대적인 진리이며 불변하는 영적 원리인 하나님의 말씀을 우리에게 알려 주시는 분이세요. 그리고 우리의 영, 즉 속사람은 성령님께서 하나님의 뜻을 가르쳐 주실 때 기꺼이 그 뜻에 순종하려고 하죠. 이렇게 육신의 자아를 거절하고, 하나님의 말씀을 순종하며 지킬 때 우리의 영은 조금씩 성장하게 돼요. 하나님의 말씀이 우리 영혼의 양식이기 때문이죠."^{예수께서 이르시되 나의 양식은 나를 보내신}

이의 뜻을 행하며 그의 일을 온전히 이루는 이것이니라"_요 4:34, "사람이 떡으로 사는 것이 아니요 여호와의 입에서 나오는 모든 말씀으로 사는 줄을 아심이니라"_신 8:3b. 때로는 하나님의 말씀이 다 이해되지 않아도 하나님의 선하심을 의지하고 말씀에 순종할 때 우리의 영이 자라고 건강해지죠."

"우리가 엄마 배 속에서 착상되어 어린아이로 태어나 양육되어 성장하듯, 예수님의 생명의 씨로 인해 새롭게 창조된 우리 속사람 역시 하나님의 말씀을 통해 성장해 간다는 말이네요. 그렇다면 성령님은 예수님을 통해 새롭게 태어난 우리들이 잘 성장할 수 있도록 돕는 역할도 하신다는 것이고요."

"네, 그렇습니다."

"인간이란 존재가 참 신기해요."

"하나님은 인간이란 존재를 정말 신기하게 창조하셨어요. 하나님만이 인간의 생명이 되도록 창조하신 거죠. 그런데 부모에게 물려받은 우리의 옛사람은 성령님께서 주시는 말씀과 생각을 완강하게 거부하며 그 말씀을 원수로 여겨요"육신의 생각은 하나님과 원수가 되나니 이는 하나님의 법에 굴복하지 아니할 뿐 아니라 할 수도 없음이라"_롬 8:7. 반면 마귀가 세상의 즐거움과 쾌락으로 유혹하면 우리의 옛사람은 그것을 원하나, 우리의 새사람은 마귀의 그러한 모든 유혹을 완강하게 거부해요. 특별히 마귀는 외부에서 우리를 미혹하죠. 즉, 마귀의 특징은 하나님께서 우리에게 주신 자리와 지위를 벗어나도록 유혹하는 거예요. 마귀는 맨 처음 아담과 하와를 찾아갔을 때도 하나님께서 그들에게 주신 지위를 이탈하도록 유혹했어요. 만일 성도의 위치를 벗어나도록 유혹하는 마음이 든다면 그건 마귀의 소리일 가능성이 크죠."

"그렇군요. 솔직히 그동안 저는 제 안에서 일어나는 모든 생각이 다 저의 생각인 줄 알았어요."

목사님과 이야기를 나누다 보니 생각이 총 네 가지로 정리가 되었다. 우리의 옛사람의 생각과 새사람의 생각. 우리의 옛사람은 마귀가 주는 생각과 궁합이 잘 맞는 반면, 우리의 새사람은 마귀가 주는 생각을 완강하게 거부한다. 반대로 하나님이 주시는 생각과 말씀에 대해 우리의 새사람은 무척이나 좋아하지만 우리의 옛사람은 그러한 하나님의 말씀을 싫어한다. 이렇게 정리하고 나니 내 안에서 일어나는 생각을 분별하는 훈련을 해야겠다는 결론이 내려진다. 목사님이 이야기했던 내 안에 계시는 성령님의 음성을 듣기 전에 먼저 내 안에 어떤 존재가 있는지 확인할 필요가 있다는 것이 무슨 말인지 이해가 되었다.

"목사님, 성령님은 우리가 듣고 읽었던 말씀을 적절한 순간에 기억나게 하신다고 했는데 그렇다면 성령님은 정말 우리 가까이에서 혹은 우리 안에서 자주 말씀하셨겠네요?"

"그렇죠. 성도님의 이러한 깨달음 또한 하나님이 주신 거라는 확신이 드네요. 가끔 성도들 중에는 하나님의 음성을 듣고 싶은데 들리지 않는다고 말하는 사람이 많이 있어요. 하지만 성령님의 음성이 들리지 않는 것이 아니라 듣기를 거부하는 경우가 대부분이에요."

"듣기를 거부한다고요?"

"네. 예를 들어 보죠. 나를 힘들게 하는 사람을 만날 때 성령님은 예수님이 나를 사랑하신 것과 같은 사랑으로 그를 위해 기도하길 원하는 마음을 주세요. 하지만 우리는 성령님이 하시는 마음의 소리를 육신의 마음으로 반응해서 거부해 버리죠. 내가 듣고 싶은 말을 하나님이 해주실 때는 잘 듣지만, 그렇지 않을 때 거부할 때가 너무나 많아요."

"그래도 내게 말씀하시는 성령님에 대해 잘 안 느껴지면 어떡하죠?"

"이 방법이 좋은 것은 아니지만, 내 안에 성령님이 계시다면 언제 그분이 가장 강력하게 말씀하실 거라고 생각하나요?"

"잘 모르겠어요."

"여러 경우가 있겠지만 그중 하나는 바로 우리가 죄지으러 갈 때예요. 죄는 하나님과 단절을 의미하기 때문에 우리가 죄를 지으려고 할 때 그분은 절대 침묵하지 않으세요. 어떤 부모가 자녀가 위험에 처했는데 가만히 있겠어요. 만일 자녀가 죽음의 위험 앞에 처했는데도 가만히 있다면 그 사람은 부모가 아닐 가능성이 커요. 성령님은 당신의 자녀가 죄라는 위험의 자리로 갈 때 그동안 우리가 들었던 말씀을 총동원하여 우리를 움직이십니다. 때로는 심장을 두 배 이상 뛰게 하시고, 갈등하게 하면서 죄라는 위험의 자리에 가지 않도록 하시죠. 다시 말해 만일 어떤 이가 죄라는 자리에 아무렇지 않게 그것도 너무나 편안한 마음으로 가고 있다면 하나님과 상관없는 자일 가능성이 크다고 할 수 있어요."

일상에서 성령님과 동행하기

"그렇다면 성령님은 우리의 일거수일투족-擧手-投足에 대해 다 관여하고 지시하시는 분인가요?"

"어떤 부분을 말씀하시는 거죠?"

"예를 들어 음식 먹는 식당은 물론 옷 입는 것이나 영화를 보러 가는 것. 또는 누구를 만나는지 등 다 일일이 간섭하시는 분인지 궁금해서요."

"저도 그 부분에 관련해서 고민했던 적이 있었어요. 성령님은 하나님의 말씀과 그 말씀의 원리를 가지고 우리에게 말씀하시는 분이에요. 예를 들면 성령님은 나를 힘들게 하는 사람도 사랑하고 품으라고 말씀하세요. 그러한 말씀에 나의 삶을 내어 드리는 것이 참 힘들고 때로는 속상하기도 하지만 그 마음을 주시는 분이 성령님이라는 사실만큼은 부인할 수 없어요. 성령님은 하나님을 사랑하고, 예수님이 사셨던 삶의 방식과 같은 모습으로 우리의 삶을 이끌어 가시죠. 하나님을 대할 때는 예배하게 하시고, 마귀가 주는 생각은 대적하게 하시죠. 그리고 영혼을 향해서는 예수님이 나를 사랑하신 것과 같은 모습으로 대하기를 원하세요. 그런데 여기까지는 참 좋았고 또 이해가 되었어요."

목사님이 하신 이야기 가운데 성령 하나님이 우리로 하여금 하나님을 사랑하는 삶, 예수님께서 이 땅에 사셨던 것과 같은 삶의 모습으로 살아가도록 우리를 양육하신다는 것이 새롭게 다가왔다. 우리가 그러한 삶을 살아가도록 하기 위해 하나님의 말씀과 그 말씀의 원리를 생각나게 하시는 분이 성령님이라니······. 목사님의 설명에 나름 잘 따라가고 있는 나 자신이 스스로 대견스럽게 느껴졌다.

"그런데 성령님이 내 안에서 하나님의 말씀과 그 말씀의 원리를 생각나게 하신다는 것은 알겠는데, 혹 '내 삶의 일거수일투족에 대해서까지 일일이 간섭하시고, 어떠한 모습을 요구하시는 것은 아닐까'라고 생각했던 적이 있었어요. 이해를 돕기 위해 저의 이야기를 간단히 해볼게요. 학창 시절 성령님과 동행하고 싶은 마음이 커서 나름대로 그분께 이야기를 해봤어요. 아침에 일어나서는 '성령님, 좋은 하루를 주셔서 감사해요. 그리고 사랑합니다'라고 이야기를 했죠. 그리고 학교에 가면서도 매 순간 함께해 달라고 이야기했고, 학교에 도착하면 곧장 성경을 읽으면서 오늘 학교생활을 지켜 달라고 기도했죠. 학교생활을 마치고 집에 와서 잠이 들 때면 오늘 하루 지켜 주셔서 감사하다고 말했어요. 하지만 성령님께서는 아무런 대답이 없으시더군요. 우습게 들리겠지만 저는 걸음 걷는 방식까지도 물어보았거든요. 그때는 정말 성령님이 원하시는 대로 다 하고 싶었으니까요. 저는 신발 가게나 옷 가게에 가서 무엇을 하나 사도 하나님께서 '아들아, 저것을 사거라'하고 말씀해 주시길 기대했죠."

"정말요? 목사님도 그러셨군요. 그러면 제가 했던 생각이 이상한 생각은 아니었네요."

"당연하죠. 하나님을 더 많이 사랑하고 경험하고 싶었으니까 그러한 생각을 하는 게 아닐까요? 한번은 신발 가게에 가서 마음속으로 하나님께 이렇게 질문했어요. '성령 하나님, 무엇을 사면 좋을지 알려 주세요'라고 말이죠."

"아…… 그때 어떤 말씀을 해주시던가요?"

"아니요. 아무런 말씀도 없었어요. 그래서 속상한 마음을 가지고 집으로 돌아와 다음 날 다시 같은 가게를 갔었죠. 그리고 다시 똑같은 질문을 했어요. '성령님 제가 어떤 색깔의 운동화를 사면 좋으시겠어요? 전 정말 빨간색이 싫은데 원하시면 기꺼이 신어 드릴게요'라는 마음으로요."

그때 생각이 나시는지 이야기하는 내내 목사님 얼굴에 미소가 끊이지 않았다.

"그때도 아무런 대답이 없으셨나요?"

"네. 그래서 '아…… 성령님과 이 수준까지의 교제는 불가능한 거구나'라는 생각을 하게 됐어요. '그냥 성경이 원하는 대로 생활하면 그게 다인가 보구나'라고 생각했죠. 그런데 그날 저녁에 놀라운 일을 경험하게 되었어요."

나는 뭔가를 기대하고 있었다.

"저녁에 나름 속상한 마음과 함께 더 깊은 하나님과의 교제를 포기하겠다는 생각으로 기도하는데 그날 갔던 신발 가게의 모습이 순간 떠오르는 거예요. 그리고 그곳에서 신발을 고르면서 '성령님 어떤 신발을 살까요?'라고 묻고 있는 제 모습이 회상되더니 또 하나의 거부할 수 없는 강한 음성이 제 안에서 들렸어요. '아들아, 나는 네가 좋아하는 색상의 신발을 신었으면 좋겠다. 그리고 그 신발을 신고 네가 행복해하는 모습을 보고 싶구나'라는 마음이 드는 거예요. 그전까지 저는 성령님이 우리의 삶에 대해 일일이 지적하시는 분인 줄 알았어요. 그리고 때로는 저의 믿음을 테스트하기 위해 제가 정말 싫어하는 색상의 운동화를 신어 보라고 말씀하는 분인 줄로 생각했죠. 그런데 그게 아니었어요. 너무 당황한 저는 성령님께 이렇게 말하기 시작했어요. '성령님, 그래도 되나요? 제가 원하는 신발을 신어도 되는 거예요?'라고 말이죠."

"우와! 신기하네요."

"그때 또 이러한 마음의 소리가 들려 왔어요. '나는 네가 원하는 색상의 신발을 신는 것을 보고 싶다. 내가 원하는 것은 네가 어떤 색상의 신발을 신는 것이 아니다. 지금처럼 네가 나를 사랑하는 마음으로 나에게 묻고, 쇼핑하는 장소에서 나와 함께하는 거란다.' 저는 그때 정말 행복했어요. 저는 누군가처럼 신비한 체험을 많이 해본 사람이 아니에요. 그런데 그러한 경험은 저에게 정말 놀라운 교훈을 주었어요. 그 이후부터 지금까지 저는 어딜 가든, 또 어떠한 물건을 사든 마음속으로 성령님께 물어요. '성령님, 저 이거 사도 돼요? 좀 비싸긴 한데······' 혹은 '성령님, 저 음식 맛있게 보이는데 저거 하나 사 먹어도 되겠죠?'라고 말하면서요."

"그러면서 결국 목사님이 원하는 것을 드시겠네요?"

"하하하, 네. 가끔 몸에 좋지 않은 것을 먹을 때 성령님께서 제동을 거실 때도 있긴 하죠. 제가 하고 싶은 이야기는 이거예요. 우리는 성령님께서 성경이나 성경의 원리가 담긴 의미를 가지고 우리에게 찾아오신다고만 생각을 해요. 물론 그렇게 찾아와서 말씀하셔도 듣지 않고 거부할 때가 많죠. 하지만 우리가 살아가는 일상의 삶 속에서 성령님이 원하시는 것은 말 그대로 그분과 함께하는 삶이라는 거예요. 그분이 나와 함께하고 있다는 것을 의식하고 그분과 함께 보고 함께 걷는 것이죠. 마치 사랑하는 사람과 함께 시간을 보내듯 말이에요. 성령님이 원하시는 것은 내가 싫어하는 빨간색 운동화를 사서 신는 것이 아니었어요. 당신께서 모든 사람에게 주신 저마다의 독특함과 성향을 가지고 이 땅에서 하나님의 은혜를 누리길 원하세요. 물론 그것이 하나님과의 관계를 헤쳐서는 안 되지만요. 그러지 않는다면 하나님은 우리가 모든 삶을 하나님 안에서 당신과 함께 누리길 원하십니다. 성도님, 사랑하면 생각하게 되어 있어요. 많이 사랑하면 많이 생각나고 매 순간 함께 있고 싶은 거죠."

'사랑하면 생각한다.' 아주 단순한 원리이다. 나는 지금껏 하나님이라는 절대자가 인간을 조정하는 줄 알았다. 그래서 우리에게 어떤 자유도 선택권도 주시지 않는다고 생각했다. 어쩌면 내가 아내를 따라 7년간 교회는 다녔지만 하나님께 깊이 들어가지 않은 이유도 바로 이 때문이었는지도 모르겠다. 더 깊이 들어가면 내가 누릴 수 있는 모든 즐거움이 사라진다고 생각했으니까. 물론 사랑이라는 것 자체가 어느 정도 구속성을 갖는 건 어쩔 수 없을 것 같다. 하지만 누군가를 사랑하는 것은 강제적 구속이 아니라 행복한 구속이 아닐까? 조금씩 하나님에 대한 오해가 사라지는 것 같다는 느낌이 든다.

"그러면 그 이후 목사님은 계속해서 성령님과 함께 이야기하고 계신가요?"

"네. 눈에 보이진 않지만 늘 성령님이 저와 함께하신다는 것을 믿어요. 육신의 눈으로는 보이지 않지만 하나님의 약속의 말씀을 신뢰함으로 바라보면 어디서든지 그분의 숨결을 느낄 수 있거든요. 그래서 고등학교 때부터 지금까지 저는 삶에서 하는 기도를 계속하게 되었어요."

"삶에서 하는 기도요?"

삶에서 하는 기도

"네. 삶에서 하는 기도는 다름이 아니라 매 순간 성령 하나님을 의식하면서 그분을 의지하는 삶을 살고자 제가 만든 기도예요. 제가 살아가는 삶의 영역마다 하나님의 말씀을 적용하여 기도하는 거죠."

"우와! 그거 매력적이네요. 어떻게 하는 기도인지 저도 알려 주세요."

뭔가 매력을 느끼고 귀 기울이고 있는 나의 모습이 이제는 나름 익숙해져 갔다.

"그럼 제가 날마다 하는 삶의 기도를 간단하게 몇 가지만 이야기해 볼게요. 우선 아침에 눈을 뜨면 가장 먼저 소리를 내어 '예수님 사랑합니다'라고 외치는 거예요."

"그건 왜죠?"

"하루를 시작할 때 가장 먼저 내는 소리가 '여보, 물 좀.' 혹은 '지금 몇 시야?'라는 말이 아니라 '예수님 사랑해요'라는 말이었으면 해서요. 그리고 나름대로 간단한 신앙 고백을 하죠. 그다음에는 화장실로 가서 일을 보겠죠. 그때는 '하나님, 아직도 배설물로 여기지 못하고 끌어안고 있는 내 안의 육신의 자아는 무엇인가요?'라는 기도를 하면서 일을 봐요."

"와우! 정말요? 화장실에서 일을 볼 때도 그런 기도를 한다고요?"

"네. 조용히 묵상하는 거죠. 그리고 나서 샤워를 하는데 그땐

'물로 내 몸을 씻어 내듯 나를 정결케 하시는 예수님의 보혈로 나의 영혼도 깨끗이 씻어 주세요'라고 기도해요. 면도할 때는 '예수님, 원하지 않는데도 매일 잡초처럼 내 안에 꿈틀대는 욕심과 음란한 마음과 성공에 대한 야망과 같은 것을 모두 잘라 주세요'라고 기도를 하고, 옷을 입을 때는 '예수님, 하나님의 전신 갑주를 입혀 주셔서 어딜 가든 승리하는 삶을 살게 하시고, 그리스도로 옷 입혀 주셔서 어딜 가든 예수님의 사람답게 행동하게 해주세요'라고 기도하죠. 신발을 신을 때는 '예수님, 복음의 신발을 신겨 주셔서 가는 곳마다 영혼을 살리고 위로와 사랑을 전하는 발 되게 해주세요'라고 기도를 하고, 누군가를 만날 때는 '예수님, 제가 이 사람과 어떤 말을 하면 좋을지 알려 주세요'라는 마음으로 대화를 시작해요. 일과 속에서 여러 기도를 한 이후 집에 돌아와 씻을 때도 오전과 같은 기도를 한답니다. 이후 옷을 벗을 때는 '세상의 모든 것을 벗어 버리게 해달라'고 기도하고, 이불을 덮고 잠을 청할 때는 '예수님의 사랑으로 내 영혼을 덮어 주시고, 오늘 밤 예수님 꿈을 꾸게 해주세요'라고 기도하며 잠이 들죠. 시간이 너무 길어질 것 같아서 더 자세히는 말씀드리지 않았지만, 대략 이러한 기도를 날마다 한답니다."

"그런 기도를 날마다 꾸준히 한다고요? 그렇게 하는 것이 정말 가능한가요?"

"저도 처음에는 의식을 가지고 기도했죠. 잊어버리면 다시 하고 또다시 기도하고 그랬어요. 그러다 보니 지금은 이러한 기도의 삶이 익숙하게 되었어요."

'사랑하면 생각한다'라는 말처럼 정말 사랑하면 저렇게 되는 거구나 라는 생각을 하게 되었다. 솔직히 나도 좋은 곳에 가고 좋은 것을 먹을 때면 자연스럽게 사랑하는 아내와 아이들이 생각이 난다. 목사님 말씀처럼 사랑하면 생각하게 되는 거니까.

방언

"목사님, 아내가 기도하다가 방언이라는 것을 하는데요. 그건 또 뭔가요?"
"어떤 사람은 방언이 곧 성령을 받은 증거라고 말하는데 그것은 옳은 표현이 아니에요. 성령님이 임할 때 방언과 같은 현상이 나타나기도 하지만 다른 현상이 나타날 때도 있기 때문이죠. 방언에 대해 이야기하기 전에 방언이 갖고 있는 영적 의미에 대해 먼저 생각해 보는 것이 좋을 것 같네요. 본래 인간의 언어는 하나였어요."

"인간의 언어가 하나였다고요?"

"네. 인류의 언어가 하나였다는 증거는 많이 있어요. 하지만 여기서 그 증거를 일일이 이야기하지는 않을게요. 그런데 하나였던 언어가 지금처럼 여러 언어로 바뀌게 되어 버렸어요."

"하나였던 언어가 여러 언어로 바뀌게 된 이유가 있나요?"

"네. 창세기 11장을 보면 언어가 하나였다가 여러 언어로 바뀌게 된 사건이 나와요. 사람들이 자신의 이름을 드러내고 싶은 욕망으로 성을 쌓기 시작했죠. 그들은 그 성을 하늘 끝까지 닿을 때까지 쌓으려고 했어요."

"하늘 끝까지 닿도록 성을 쌓는다고요? 그 당시 사람들이 너무 무모한 짓을 한 것 같네요."

"그렇죠. 어찌 되었든 자신의 이름과 자신들의 왕국을 세우려고 성을 쌓는 모습이 하나님 보시기에 좋지 않았어요. 그래서 하나님은 그 일이 진행되지 못하도록 하나였던 언어를 흩어 버리신 거예요"여호와께서 거기서 온 땅의 언어를 혼잡하게 하셨음이니라"_창 11:9a."

"당황스러웠겠네요. 갑자기 서로 무슨 말을 하는지 알아듣지 못했을 테니까요."

"맞아요. 무슨 말인지 서로 알아들을 수 없다 보니 자연스럽게 성 쌓는 것도 중단되었어요. 하나였던 언어가 여러 언어로 흩어진 원인이 뭐라고 했는지 기억나세요?"

"사람들이 자신들의 이름과 자신들의 왕국을 세우려고 했기 때문이라고 하지 않으셨나요?"

"네, 맞아요. 성도님은 정말 공부를 잘하셨겠어요. 그리고 아주 지혜가 있으세요."

칭찬을 들으니 목사님의 다음 이야기에 더 귀를 기울이게 된다. 정말 칭찬은 고래도 춤추게 하는가 보다.

"그런데 시간이 지나 흩어졌던 언어가 다시 하나로 회복되는 사건이 일어나게 되었어요. 바로 성령님이 마가 다락방에 오셨을 때 일이에요. 성령님이 오시자 가장 먼저 기도하고 있던 사람들의 입에서 여러 방언이 터지게 되었어요. 당사자들도 정말 놀랄 수밖에 없었죠. 특별히 당시 각국에 흩어져 있던 사람들이 예루살렘에 모여 있었을 때였는데 그들은 제자들이 하는 방언을 알아들을 수 있었어요. 왜냐하면 자신들의 언어로 방언을 했기 때문이에요. 이쯤에서 방언에 대해 정리해 보죠. 하나님은 인간들이 자신들의 이름을 드러내고 자신들의 왕국을 세우려고 했을 때 그들의 언어를 흩어 버리셨어요. 그러나 시간이 지나 성령님이 오셔서 흩어졌던 언어를 다시 하나로 묶는 기적을 행하셨죠. 여기서 질문 하나 들어갑니다. 성령님이 오실 때 그 많은 이적 가운데 왜 하필 언어를 건드리신 것일까요?"

"음…… 글쎄요. 잘 모르겠네요."

"하나님께서 인간의 언어를 왜 흩어 버리셨는지를 안다면 이 부분이 이해될 거예요."

"하나님은 사람들이 자신의 이름을 드러내고 자신들의 왕국을 세우고자 했을 때 하나였던 언어를 흩어 버리셨다고 했는데…… 그렇다면 다시 하나로 회복시켜 주신 이유는…… 아! 혹시 자신들의 이름과 자신들의 나라가 아닌 하나님의 이름과 하나님의 나라를 세우라고 가장 먼저 언어를 건드리신 건가요?"

"네, 맞아요. 바로 그런 이유에서였어요."

내가 이야기하고도 나 스스로 놀랐다.

"물론 방언에 대해서는 여러 의견이 있어요. 어떤 분들은 방언 자체를 거부하기도 하고, 또 어떤 분들은 제자들이 오순절 마가의 다락방에서 했던 방언은 일시적인 것이라 그때 이후로 끝이 났다고 말하기도 하죠. 하지만 성경은 외국어 방언뿐 아니라 기도할 때 알아들을 수 없는 신기한 언어, 즉 여러 방언에 대해 분명하게 말씀하고 있어요. 제가 말하고 싶은 건 그러한 이론에 일일이 답하는 게 아니라 하나님께서 우리에게 방언을 주신 근본적인 이유를 나누고 싶은 거예요. 하나님은 익숙한 언어이든 외국어 방언이든 아무도 알아들을 수 없는 방언이든 관계없이 우리가 하는 모든 언어를 통해 유일한 구원자 되신 예수 그리스도의 이름을 드러내고, 그분의 나라를 세우는 기도를 하길 원하신다는 사실이에요."

아! 그런 거였구나. 하나님은 인간들이 가장 많이 사용하는 언어가 하나님의 이름을 드러내는 데 사용되길 원하셨던 것이었구나……. 목사님과 이야기하면서 그동안 나의 기도 내용이 얼마나 성경과 다른지 생각해 보았다.

"목사님, 그렇다면 방언하는 것이 곧 성령 충만하다는 것이 아닌 건가요?"

성령 충만

"많은 사람이 방언을 하고 어떤 기적이 일어나면 그것이 곧 성령 충만이라고 말을 하죠. 하지만 그것은 성경이 말하는 성령 충만이라고 할 수 없어요. 성령 충만한 삶을 사는 자들에게 그러한 현상들이 나타날 수는 있지만, 그러한 현상이 곧 성령 충만한 삶이라고 말할 수는 없기 때문이에요. 충만은 말 그대로 가득 차서 흘러넘치는 것을 말해요. 그래서 저는 개인적으로 성령 충만을 갈등이 없는 상태라고 말하고 싶어요."

"갈등이 없는 상태요?"

"네. 갈등이 없다는 것은 완전한 지배를 받을 때 나타나요. 술에 취해 술에 지배를 받게 되면 술이 원하는 대로 내 몸이 움직이고 말을 하게 되죠. 한 여인을 보고 사랑에 취하게 되면 그 남자의 마음과 생각은 그 여인과 함께하고 싶은 욕망에 지배를 받게 되고요. 지배를 받게 되면 말과 행동 그리고 모든 삶이 거기에 집중되기 마련이에요. 마찬가지로 성령 충만하게 되면 우리의 모든 생각이 하나님께서 원하시는 삶에 집중하게 되는 거예요. 즉, 성령에 지배를 받게 되면 하나님이 좋아하는 것을 간절히 원하게 되고 하나님이 싫어하는 것은 거부하게 되는 거죠. 신앙의 기준이 완전히 단순해지는 거예요. 내가 사랑하는 하나님이 나의 삶의 기준이 되는 것이죠. 그뿐만 아니라 성령에 지배를 받게 되면 하나님을 사랑하는 삶, 많은 영혼에게 이 땅이 전부가 아니라 영원한 세상이 있다는 것을 알려 주고자 하는 열망, 그리고 그 길은 오직 예수 그리스도의 십자가를 통해서만 갈 수 있음을 전해 주고 싶은 열정으로 가득하게 되는 거예요."

"그러니까 성령 충만은 성령님께 완전히 지배받는 것을 뜻한다는 말씀이군요. 성령님께 지배를 받게 되면 철저히 그분이 원하시는 삶을 아무 거부감 없이 살아가게 되는 것이고요. 그런데 그 삶은 하나님을 사랑하고 예수님을 전하는 삶으로 이어진다는 말씀이네요."

"네. 맞아요. 예를 들어 성령에 완전한 지배를 받게 되면 '사랑하라'는 마음을 주실 때 '내가 왜 그를 사랑해야 하나요?'라는 식의 반론은 물론 고민하는 시간조차 길지 않게 되는 거예요. 아니, 갈등의 시간 없이 하나님께서 주신 마음에 곧장 내 생각과 마음을 내어 드리게 되는 것이죠. 그런 의미에서 본다면 많은 성도가 성령 충만한 삶을 경험해 보았을 거예요. 다만, 그 충만한 시간을 오래 지속하지 못했을 뿐이죠."

목사님의 이야기를 들으면서 나의 아내가 왜 그토록 성령 충만한 삶을 원하는지 조금은 이해가 되었다. 나는 성도들이 이상한 소리를 내는 행동이 성령 충만인 줄 알았는데……. 내가 믿는 하나님을 더 많이 사랑하고 그분을 전하는 가장 가치 있는 삶을 살기 위해서 성령 충만한 삶은 필연적이라는 생각이 들었다.

나 역시 아내만 바라보고 달려왔을 때가 있었다. 처음 본 순간 '그래 저 여자가 내 사람이야'라는 생각을 할 만큼 아내는 내 마음에 들어와 버렸다. 이후 나의 삶은 아내를 위한 삶으로 바뀌어 버렸다. 나의 행동 하나하나가 온통 그녀에게 잘 보이길 원했고, 온종일 내 생각과 마음은 아내 생각으로 가득했던 적이 있었다. 물론 지금은 그때만큼은 아니지만…….

갑자기 이런 생각이 스쳐 간다. '그렇다면 성령 충만은 하나님을 사랑하는 마음으로 가득 찬 삶일 수도 있겠구나'라는 생각 말이다. 나의 이 생각에 대해 목사님은 놀랍다는 반응을 했다. 그러면서 성령 충만한 삶은 내 모든 삶에 하나님을 향한 사랑으로 가득 채우는 것이라고 이야기했다.

목사님과 대화를 하다 보면 하나님이 멀리 계시는 분이 아니라 정말 내 안에서 나를 사랑하시는 분이라는 생각을 하게 된다. 그래서 성경을 인간을 향한 하나님의 러브스토리라고 했나 보다. 성경은 인간만을 바라보시고 달려오신 하나님의 사랑의 이야기이니까.

4

네 번째 만남

복음을 나누다

> 안식일과 주일, 어떤 것을 지켜야 하나요?

　처음 새가족 부스에서 만난 목사님. 당시에는 빨리 그 자리를 벗어나고 싶은 마음에 네 번을 만나겠다고 얼떨결에 약속해 버렸다. 그리고 집으로 돌아오는 내내 '잠시 인사를 나눴을 뿐인데 앞으로 어떻게 네 번이나 만나서 이야기를 하지? 그 불편한 시간을 어떻게 보내지?'라는 생각을 했었다. 그렇게 시작된 만남이 오늘 벌써 마지막 시간이다. 이날이 오면 '드디어 다 끝났다'라는 생각과 함께 속이 시원할 줄 알았는데 아쉬운 마음이 드는 것은 왜일까? 그래서인지 오늘은 다른 날 보다 더욱 기대감을 안고 목사님과 만나기로 한 장소로 향했다. 마치 좋아하는 선생님의 수업을 들으러 가는 학생처럼 말이다.

"목사님, 흔히 교회에서 이단이라고 말하는 단체들이 주장하는 것을 보면 성경과 다르지 않은 부분들이 꽤 있다는 생각이 들기도 해요. 예를 들어 '성경은 안식일을 지키라고 했는데, 교회는 왜 주일을 지키는가?'라는 주제가 그중 하나예요. 실제로 그들의 말처럼 성경에는 안식일을 지키라는 말씀은 있지만 주일을 지키라는 말씀은 없지 않나요?"

주문한 커피를 한 모금 마신 후 나는 곧바로 질문했다. 그리고 마치 성경을 탐구하는 스승과 제자처럼 어느덧 우리는 진지하게 이야기를 주고받고 있었다.

"음…… 아주 좋은 질문이에요. 제 주위에 있는 다른 많은 성도님도 그러한 질문을 자주 받는데 그때마다 제대로 반박을 못 했다고 하더군요. 결론부터 이야기하면 기독교는 안식일을 지키고 있습니다. 단, 예수님이 부활하신 것을 기념하여 성경이 말한 안식 후 첫날인 주일을 안식일로 지키는 거예요."

"주일을 안식일로 지킨다는 것이 무슨 의미인가요?"

"이 부분을 이해하려면 먼저 '안식'이라는 단어를 이해할 필요가 있어요. 성경이 말하는 안식의 의미는 '쉼'의 의미와 '하나님께서 창조하신 것의 완벽함, 즉 하나님께서 세상을 손댈 것 없을 만큼 완전하게 창조하셨다'는 의미가 내포되어 있어요. 한 가지 질문을 해볼게요. 하나님께서 세상을 창조하신 이후 제 칠일에 안식하셨다고 성경에 기록되어 있는데, 그렇다면 제 팔일과 구일에는 무엇을 하셨을까요?"

"제 칠일에 안식하셨으니 그다음 날에는 일하시지 않았을까요?"

"그렇죠. 그것이 바로 우리가 가지고 있는 안식에 대한 생각이에요. 그러나 성경은 그렇게 말씀하지 않았어요. 제 칠일에 주어진 안식은 제 팔일, 구일, 그다음 날에도 계속해서 이어졌어요. 그런데 문제는 줄곧 이렇게 이어지던 안식이 깨져 버린 사건이 발생했다는 거죠."

"혹시 아담과 하와의 선악과 사건을 이야기하시는 건가요?"

"네, 맞아요. 바로 그 선악과 사건이에요. 인간이 하나님께서 주신 위치에서 벗어나면서 인간에게 주어진 생명이 죽음에 삼킨 바 되어 버린 거죠. 그로 인해 하나님께서 주신 안식이 깨진 것이고요. 아담과 하와의 범죄로 인해 인간은 물론, 모든 피조물이 죄와 죽음 아래서 신음하는 존재가 되어 버렸어요."피조물이 허무한 데 굴복하는 것은 자기 뜻이 아니요 오직 굴복하게 하시는 이로 말미암음이라 그 바라는 것은 피조물도 썩어짐의 종 노릇 한 데서 해방되어 하나님의 자녀들의 영광의 자유에 이르는 것이니라 피조물이 다 이제까지 함께 탄식하며 함께 고통을 겪고 있는 것을 우리가 아느니라'_롬 8:20-22. 한번 생각해 보세요. 죄와 죽음에 지배를 받는 인간에게 쉼이 있을까요?"

"아마…… 없겠죠."

"맞아요. 노예에게 무슨 쉼이 있겠어요. 실제로 출애굽기 20장과 신명기 5장에 등장하는 십계명을 보면 안식일에 대해 기록되어 있는데 이 두 곳에서 언급된 안식일에 대한 내용이 조금 차이가 있어요. 먼저 출애굽기 20장에는 '제 칠일에 하나님께서 모든 것을 창조하셨으니 너희도 안식하라10-11절'고 기록하고 있는 반면, 신명기 5장에서는 '애굽의 종 되었던 너희들을 구원해 내었으니 안식하라14-15절'고 말씀하시면서 안식을 출애굽 사건과 연관 지어 설명하고 있어요."

"그렇다면 안식이 구원과 연관이 있다는 말씀인가요?"

"네. 그래요. 첫 인류가 죄를 범하면서 인간은 하나님이 주신 안식을 잃어버렸고, 죄와 죽음에 지배를 받는 존재로 전락해 버렸어요. 그렇기 때문에 죄와 죽음에 지배받는 인간이 다시 안식하려면……"

"인간을 억누르던 죄와 죽음이 없어지면 되겠네요."

"그렇죠. 인간을 안식하지 못하게 만든 죄와 죽음의 권세가 깨져 버리면 되는 거예요. 그 사건이 바로 십자가 사건이죠. 그리고 예수님께서 죄와 죽음을 이기고 생명을 주심으로 다시 안식을 회복시켜 주신 사건이 바로 부활 이고요. 즉, 부활은 죄를 범하여 죄와 죽음의 노예로 살던 우리를 다시 안식하게 해준 사건이라 할 수 있어요."

"그래서 교회가 예수님이 부활하신 주일을 안식일로 지킨다는 거네요."

"그렇죠. 그래서 저는 누군가 제게 와서 '형제님, 왜 안식일이 아니라 주일을 지키나요?'라고 묻는다면, '네, 저는 주일을 안식일로 지킵니다. 모르시나 본래, 하나님께서 인간을 사랑하셔서 주신 첫 번째 안식은 아담이 죄를 범했을 때 잃어버렸습니다. 그런데 그 잃어버린 안식을 두 번째 아담이자 마지막 아담이신 예수님께서 부활하심으로 되찾아 주셨죠"기록된 바 첫 사람 아담은 생령이 되었다 함과 같이 마지막 아담은 살려 주는 영이 되었나니"_고전 15:45. 그래서 저는 예수님께서 부활하신 날을 안식일로 지킵니다. 예수님의 부활 사건은 하나님께서 잃어버렸던 안식을 다시 회복시켜 주신 날이기 때문입니다'라고 이야기할 거예요. 나아가 예수님의 부활은 새로운 창조의 시작을 알리는 날이기도 해요. 성경은 예수님의 부활을 안식 후 첫날마 28:1; 요 20:1, 19이라고 기록해요. 이것은 예수님의 부활을 시작으로 새로운 안식일이 시작되었음을 선포하는 것과 같아요. 나아가 하나님께서 약속하신 새 창조의 시작을 알리는 선언과도 같다고 할 수 있죠."

안식 후 첫날이라는 말 속에 이러한 의미가 담겨 있는 줄은 몰랐다. 그리고 죄를 범한 이후 망가져 버린 세상은 사라지고 새 하늘과 새 땅이 창조된다는 말에 마음이 설레기도 했다. '새롭게 재창조된 곳에는 새로운 생명을 가진 자만이 들어가는 거구나!'

라는 생각이 들었다. 예수님의 부활은 새로운 안식을 여는 포문과도 같은 것. 그리고 예수님의 부활의 날을 안식 후 첫날로 표현하면서 새로운 창조가 시작되었다는 것을 성경은 말씀하고 싶으셨던 거다. 이런 생각을 계속하고 있자니 마치 내가 새로운 세계에 있는 듯한 느낌이 들었다. 정신을 차리고 다시 목사님께 질문했다.

"조금은 이해가 되네요. 그렇다면 목사님, 주일을 지키는 것이 참된 안식일을 지키는 거라고 이해하면 되는 거죠?"

"그렇지는 않아요."

"네? 그럼 또 뭐가 있나요?"

"하하하. 뭐 그리 놀라세요? 만일 성도님이 예수님을 통해 잃었던 안식을 다시 회복하게 된 사람이라고 해보죠. 그렇다면 성도님에게 안식일은 언제가 될까요?"

"음…… 저에게 지금 질문 하신 거죠?"

"네."

"조금 어렵네요……."

"예수님의 부활 사건을 통해 안식을 경험한 자에게 안식일은 구원받은 이후의 모든 시간이에요. 월요일부터 모든 날이 안식일이 되는 거죠. 다시 말해 예수님은 구원받은 성도들이 모든 날을 거룩하고 구별된 안식일처럼 살아가기를 원하세요. 특정한 날이나 절기를 지키는 것도 중요하지만 더 중요한 것은 날마다 안식을 경험한 자답게 사는 거예요."

"안식을 경험한 자답게 산다는 것은 또 무슨 뜻인가요?"

"그것은 안식일의 주인 되신 우리 예수님의 삶을 보면 충분히 이해할 수 있어요. 예수님은 질병과 고통으로 지배 받고 있는 사람들에게 사랑과 회복을 주셨어요. 안식을 주신 거죠. 때로는 죽음에 눌려 있는 자에게 찾아가 생명을 주기도 하셨어요. 이 역시 안식을 주신 거죠. 예수님의 이러한 행보는 유대인이 중요하게 여기는 안식일에도 계속되었어요. 즉, 완전한 안식을 가지고 계셨던 예수님은 죄와 죽음에 억눌린 자들을 자유롭게 하여 그들이 다시 안식할 수 있도록 섬기셨던 거예요. 그런 의미에서 안식을 경험하는 자답게 산다는 것은 크게 두 가지 의미가 있어요. 첫째는 나 자신이 죄와 구별된 삶을 사는 것이고, 둘째는 아직 영원한 생명을 만나지 못해 여전히 죄와 죽음 아래 있는 자들을 참된 안식을 주시는 예수님께로 인도하는 거예요."

"죄에서 구별된 삶을 사는 것이 소극적이고 개인적인 안식을 지키는 삶이라면, 예수님을 알지 못해 여전히 죄와 죽음 아래 있는 자들에게 예수님의 생명을 전해 주는 것은 좀 더 적극적으로 안식을 지키는 것이라 할 수 있겠네요."

"와! 맞아요. 이번에도 정말 정리를 잘 해주셨어요. 실제로 예수님은 마태복음 11장 28절에서 모든 인류를 수고하고 무거운 짐을 지고 있는 자들로 표현하셨어요. 그리고 참된 쉼은 예수님께 나올 때 주어진다고 하셨어요"수고하고 무거운 짐 진 자들아 다 내게로 오라 내가 너희를 쉬게 하리라"_마 11:28. 그러므로 교회는 안식일을 잘 지키고 있는 것이죠. 그리고 성경이 말하는 안식의 의미를 아는 자들은 주일을 지키면서 날마다 주일처럼, 즉 잃었던 안식을 얻은 자처럼 살아가게 되는 것입니다."

"안식일에 이러한 의미가 있는지 오늘 처음 알게 된 것 같아요."

"그렇다면 다행이네요."

"저…… 목사님, 그런데 커피가 다 식었는데 커피나 다른 차 한 잔 더 드시겠어요?"

"아…… 제가 커피를 즐겨 마시는 편이 아니라서……. 그러면 허브차 한 잔 부탁할게요."

허브차를 주문하고 기다리는 짧은 순간에 '성경은 하나님과 인간의 관계가 중심을 이루고 있는 것이구나' 하는 생각을 했다. 그리고 인간을 향한 하나님의 사랑이 예수님의 사건을 통해 이뤄졌다는 것이 무엇을 의미하는지 아주 조금 더 알아가고 있는 느낌이 들었다.

> 언제나 뜨거운 이슈, 십일조와 헌금

"목사님, 여기 차 드세요."

"감사합니다. 잘 마실게요."

"별말씀을요. 저도 목이 조금 말라서 차 한 잔 더 마시고 싶었어요. 저 그런데 이건 목사님을 만나면 꼭 한번 여쭤보고 싶었던 질문인데요……."

"네, 말씀하세요."

어떻게 이야기를 꺼내야 할지 망설이고 있었다. 이런 질문을 하고 나면 왠지 어색해질 것 같기도 하고……. 그냥 하지 말까 하다가 이때 안 하면 언제 하겠는가 싶어서 과감히 질문했다.

"저…… 헌금은………."

"혹시 십일조 말씀하시는 건가요?"

"네…… 십일조요. 사실 아내가 줄곧 십일조를 하는데, 솔직히 저는 아까운 마음이 많이 들거든요. 그래서 이 부분은 꼭 한번 여쭤보고 싶었어요. 십일조에 대해 두 가지 큰 의문이 있거든요. 첫째는 도대체 십일조가 무엇이며 무슨 의미가 있는 것인지, 그리고 왜 해야 하는지에 대한 질문이고요. 둘째는 온전한 십일조는 어떤 것인지에 대한 질문이에요. 제 아내가 십일조 할 때마다 '온전한 십일조'라는 말을 자주 하거든요. 그런데 무슨 말인지 도통 모르겠더라고요."

"헌금이라는 이슈는 우리의 마음을 참으로 어렵게 하는 주제이기도 하죠. 그럼에도 우리는 이 부분을 결코 가볍게 지나쳐서는 안 돼요. 자, 그럼 십일조에 대한 의미부터 생각해 볼까요? 먼저 저는 성경을 믿는 목사로서 성경에서 십일조를 어떻게 말씀하고 있고, 십일조에 대해 어떠한 의미를 부여하는지를 살펴보는 것이 옳다고 여겨지는군요. 성경은 세상의 잣대를 가지고 들여다보게 되면 때로는 불합리해 보이고 이해가 되지 않을 때가 많아요. 그중의 하나가 십일조일 수도 있고요. 성경에서 십일조가 가장 처음으로 언급된 사건이 있는데 바로 아브라함의 사건이에요.창 14장"

"아브라함이요?"

"네. 이 이야기를 짧게 소개하면, 소돔과 고모라라는 성에 아브라함의 조카 롯이 살고 있었어요. 그런데 어느 날 연합군이 이 성에 쳐들어와서 아브라함의 조카 롯을 포함해 모든 것을 다 약탈해 가버립니다. 이 소식을 들은 아브라함은 집에서 훈련시켰던 318명의 사람을 데리고 가서 연합군을 이기고 돌아오죠. 이때 멜기세덱이라는 제사장이 전쟁에서 승리하여 잃었던 모든 것을 되찾아 당당하게 돌아오는 아브라함을 향해 '하나님께서 모든 대적을 당신에게 붙이셨습니다'라고 이야기했어요. 한마디로 '아브라함 당신이 잘해서 모든 것을 되찾은 것이 아니라, 하나님께서 되찾을 수 있는 능력을 당신에게 주신 것입니다'라고 말한 거죠. 그런데 이때 아브라함의 반응이 아주 중요해요."

"어떻게 반응했는데요?"

"사실 우리 같으면 '아, 정말 그러네요. 저는 제가 잘나서 승리하여 모든 것을 얻은 줄 알았는데 하나님이 하셨네요. 교만해서 죄송합니다. 그리고 하나님 감사합니다'라고 고백하면 될 것만 같죠. 그런데 아브라함은 멜기세덱의 이 말에 대해 뭔가 알았다는 듯 자신이 얻은 것의 십분의 일을 드렸어요. 멜기세덱은 그저 아브라함에게 '당신에게 승리를 주신 분은 하나님이십니다. 그리고 당신이 얻은 모든 것도 하나님이 주신 것입니다'라고 말했을 뿐인데 아브라함은 십일조를 드림으로 이에 대해 화답을 한 거예요."

"아…… 그러니까 십일조가 제일 처음 언급된 것이 아브라함 때였군요."

"이 사건을 통해 정리하면 십일조가 가진 가장 큰 의미이자 중요한 첫 번째 가치는 바로 신앙 고백이에요. 내 힘과 내 능력으로 얻은 것 같았지만 실은 하나님께서 그것을 얻을 수 있는 힘과 은혜를 주셨다는 신앙 고백인 거죠."네 하나님 여호와를 기억하라 그가 네게 재물 얻을 능력을 주셨음이라"_신 8:18a. 하루하루 자신의 힘으로 일해서 무언가를 얻은 사람이 십일조를 하는 것은 '하나님께서 제게 일할 힘과 능력을 주셔서 이 모든 것을 얻었습니다'라는 신앙 고백이 담겨 있는 거예요. 또 좋은 아이디어로 큰 성과를 얻은 사람이 십일조를 하는 것은 '나에게 탁월한 지혜를 주신 분이 하나님이십니다'라는 믿음의 고백과 같은 것이라고 할 수 있죠. 한마디로 십일조는 '내가 얻은 모든 것은 하나님에게서 온 것입니다'라는 사실을 인정하고 표현하는 신앙의 고백을 담고 있는 거예요."

"그래도 목사님, 솔직히 십일조를 하는 것이 참으로 힘든 건 사실이에요."

"저도 잘 알고 있어요."

"목사님이 아신다고요? 목사님은 저처럼 사회생활도 안 해보셨을 텐데 어떻게……"

"저도 사회생활을 해봤어요. 대학 다닐 때는 방학 때마다 흔히들 말하는 막노동을 했고요. 신학 공부를 하기 전에는 작은 인테리어 사무실에서 일도 했고, 한 2년 정도는 음악 강사로도 일했었어요."

"오! 대단하시네요. 저는 목사님들은 아예 사회생활을 안 해 봤을 거로 생각했는데……."

"물론 저와 같은 경험 없이 곧바로 목사가 된 분들도 있겠죠. 하지만 저에게 있어 그때의 시간은 참으로 귀했어요. 그 당시 월급을 받으면 저 역시 십일조를 하는 것이 참 어려웠거든요. 목사가 되려고 하는 사람도 막상 돈을 만지니까 헌금을 한다는 것이 힘들더라고요. 겉으로는 쿨하게 헌금했지만 속으로는 많은 갈등이 있었던 것이 사실이에요. 그러면서 '성도들이 십일조 할 때도 이런 마음이 들 수도 있겠구나'라는 생각을 하면서 십일조와 헌금 생활하는 성도들의 신앙이 참 존경스럽게 다가왔던 적이 있었어요."

"목사님이 그렇게 이야기해 주시니 조금 위로가 되네요."

"잠을 설쳐가며 힘들게 일했고, 아쉬운 소리 들으며 번 돈의 일부를 '이것은 하나님께서 저로 하여금 얻게 해주신 것입니다'라고 고백하는 게 여간 어려운 것이 아닌 듯해요. 물질에는 나의 시간과 노력, 삶의 모든 애환이 담겨 있으니까요. 그래서 물질을 드린다는 것은 단순히 돈을 드리는 것이 아니라 나의 삶을 통째로 드리는 것이라는 생각을 하게 되었죠."

"맞아요. 사회생활이 정말 만만하지 않거든요."

"그런 의미에서 십일조가 가지고 있는 두 번째 의미는 바로 내 삶을 하나님께 드리는 고백이라 할 수 있어요. 예수님을 믿는다는 것이 어떤 의미라고 했는지 혹시 기억나세요?"

"네. 예수님이 '내 삶의 주인이 되는 것'이라고 하셨죠."

"맞아요. 신앙은 예수님이 내 삶의 주인임을 고백하는 거예요. 즉, 십일조는 내 삶의 주인이 예수님이라고 선포하는 신앙 고백과 같은 것이죠."

"신앙 고백이 쉽지 않네요."

"물론 그렇죠. 입으로만 하는 신앙 고백은 쉽지만, 그것을 삶으로 표현하는 신앙 고백은 절대 쉽지 않아요. 그렇다고 십일조가 구원을 결정하는 전제 조건이라는 것은 아니에요. 하지만 예수님을 주인으로 인정하는 믿음의 여정이라는 의미에서 저는 성도들에게 조금씩 믿음을 고백하는 삶을 추구해 가 보라고 말하고 싶네요."

"십일조에 담긴 또 다른 의미가 있나요?"

"목사님마다 십일조에 대해 강조하는 부분이 조금씩 다른 것이 사실이에요. 어떤 분들은 십의 일을 첫 것, 즉 대표성을 갖는 것으로 해석하죠. 그래서 십의 일이 드려질 때 나머지 모든 것도 함께 받으시는 하나님의 모습을 통해, 부활의 첫 열매가 되시는 온전하신 예수님이 하나님께 드려질 때 예수님께 속한 모든 자 역시 하나님께 드려진 자들로 여겨 주신다고 해석하기도 해요. 또 어떤 분들은 하나님의 것임을 인정하고 드림으로 하나님께서 더 크게 부어 주시는 복을 경험하고 그것을 간증하는 삶이 되라고 도전하기도 하고요. 이러한 모든 것이 좋은 교훈이 되기는 하지만 십일조는 어떠한 복을 받기 위해 하는 것이 아니라 내 삶의 많은 영역 가운데 물질의 영역에서도 하나님이 주인이라는 것을 인정하고 표현하는 신앙 고백적 차원에서 가장 중요하다고 할 수 있어요. 특별히 구약 성경의 마지막 책인 말라기를 보면 십일조에 대한 언급이 나오는데 그 부분에서 십일조에 담긴 또 하나의 아주 중요한 의미가 등장해요. 바로 십일조는 '하나님께로 온전히 돌아가는 것'이라는 사실이에요. 하나님은 날마다 성소에서 제사 지내는 제사장들과 이스라엘을 향해 반복해서 '내게로 돌아오라'고 말씀하셨어요. 그런데 하나님의 이러한 말씀을 들었을 때 이스라엘 백성은 좀 의아해했죠. 하나님 곁에서 봉사하고 예배 의식을 행하고 있는데 자꾸 돌아오라고 말씀하셨기 때문이에요. 급기야 이스라엘의 리더십들과 백성은 하나님을 향해 '하나님, 도대체 어떻게 하나님께 돌아오라는 건가요? 하나님께 돌아간다는 것이 어떤 건가요?'라고 묻게 되었죠. 이때 하나님은 그들에게 '십일조와 헌물'에 대해 이야기하셨어요. "만군의 여호와가 이르노라 너희 조상들의 날로부터 너희가 나의 규례를 떠나 지키지 아니하였도다 그런즉 내게로 돌아오라 그리하면 나도 너희에게로 돌아가리라 하였더니 너희가 이르기를 우리가 어떻게 하여야 돌아가리이까 하는도다 사람이 어찌 하나님의 것을 도둑질하겠느냐 그러나 너희는 나의 것을 도둑질하고도 말하기를 우리가 어떻게 주의 것을 도둑질하였나이까 하는도다 이는 곧 십일조와 봉헌물이라"_말 3:7-8"

"돌아가는 방법을 물어 봤는데 십일조와 헌금에 관해 이야기하셨다고요?"

"한마디로 이야기하면 몸은 하나님께 있는데 그들의 마음과 생각은 온통 탐욕에 찌들어 있었다는 거예요. 종교적 의무는 잘 이행했지만 하나님 보시기에 그들은 물질에 대한 소유권이 마치 자신에게 있는 것처럼 사용하고 있었던 것이죠. 그래서 하나님은 그러한 행위를 도둑질과 같다고 책망하셨던 거예요. 성경이 말하는 예수님을 믿는다는 것은 고상한 사교 모임이나 교양 생활이 아니에요. 어떠한 신념은 더욱 아니고요. 성경이 말하는 예수님을 믿는다는 것은 하나님을 내 삶의 온전한 주인으로 고백하며 섬기는 거예요. 그래서 교회 다니는 사람들은 생명을 주신 분도 하나님이시고 거둬 가시는 분도 하나님이라는, 즉 생명의 주인이 하나님이라고 고백하고 있는 거예요. 재물에 대한 것도 마찬가지이고요. 성도님, 도둑의 정의를 이야기해 보실래요?"

"도둑이요?"

"네."

"뭐, 도둑은 자기 것이 아닌 남의 것을 훔치는 사람을 말하는 거 아니겠어요?"

"그렇죠. 도둑은 나의 것이 아닌 남의 것을 마치 내 것처럼 여기며 사는 사람이에요. 그리스도인은 내게 있는 모든 것, 즉 생명, 물질, 지혜, 삶 등 모든 것의 주인이 하나님이라고 고백하는 자예요. 물질은 그 가운데 일부분이고요. 그리스도인에게 있어 십일조는 물질에 대한 탐욕에서 하나님께로 돌아서는 거예요. 동시에 내게 있는 모든 것의 소유권이 하나님께 있다고 고백하는 거예요. 그래서 어떤 사람은 십일조를 하면서 재물이 나의 주인임을 거부하고, 또 탐욕에 매여 있기를 거부하며 자유를 선포하면서 드리기도 해요."

"아…… 어렵네요."

"음…… 왜 어려울까요?"

"뭐…… 그냥요……."

"마음을 한번 자세히 들여다보세요. 어려운 이유는 단 한 가지일 거예요. 내 소유라고 생각했는데 내 것이 아니라 하나님께 모든 소유권이 있다는 것이 불편한 거죠."

"그런 것 같네요. 내가 애쓰면서 벌었는데 그게 다 하나님 주신 것이고, 하나님의 것이라는 말이 썩 유쾌하지 않은 것이 사실이에요."

"맞아요. 저도 짧지만 3년 정도 사회생활을 하면서 그러한 경험을 했어요. 그리고 '모든 것이 하나님께서 주신 것이고, 내게 있는 모든 것의 주인이 하나님이십니다'라고 고백하는 게 그토록 어려운 것인지 몰랐어요. 그러면서 예수님을 믿는다는 것은 참 어렵다는 생각도 했죠. 그런데 성도님, 더 부담스러운 것이 있어요. 바로 마지막에 질문했던 '온전한 십일조'의 의미예요."

성경이 말하는 온전한 십일조

"혹시 온전한 십일조는 더 부담스러운 내용인가요?"
"그렇다고 너무 놀라지 마세요. 여기에서 또 질문 들어갑니다. 10만 원의 수입이 생기면 보통 얼마가 십일조인가요?"
"1만 원 아닌가요?"
"그럼 남아 있는 9만 원은요?"
"뭐…… 그건 제 것이겠죠. 아닌가요?"
"온전한 십일조라는 말은 남아 있는 9만 원에 대한 소유권도 하나님께 있다는 고백이에요."
"그것도 다 하나님 거라고요?"
"예수님을 믿는다는 것은 '내게 있는 모든 것의 주인이 주님이 심을 고백하는 것'이라고 했던 말 기억하시죠? 이 말은 일부분이 아니라 내 삶의 모든 영역이 다 주님께 속해 있다는 고백이에요. 어렸을 때 부모들이 자녀에게 십일조 훈련을 시킨다면서 이렇게 이야기하는 경우가 있었어요. '자! 여기 용돈 만 원이다. 여기에서 천 원은 십일조니까 꼭 헌금하고 나머지 9천 원은 네 것이니까 네가 알아서 잘 사용해라'는 식으로 말이죠. 그런데 이것은 온전한 십일조의 의미를 이해하지 못한 데서 비롯된 거라고 할 수 있어요. 온전한 십일조라는 말은 숫자적인 의미를 초월해요."

"숫자적인 의미의 초월이라면……."

"온전한 십일조라는 말은 모든 것의 주인이 하나님이라는 고백을 담아 십의 일을 드리지만, 내 지갑에 남아 있는 모든 것의 소유권 역시 하나님께 있다고 인정하는 거에요. 쉽게 이야기해 볼게요. 제가 말씀드리는 두 부류의 사람 중 누가 온전한 십일조를 드린 사람인지 이야기해 보시겠어요?"

"이제 목사님의 질문 공격이 낯설지가 않네요."

"제가 좀 질문을 많이 하는 편이라……. 첫 번째 사람은 십의 일을 드릴 때 나머지 십의 구도 하나님께 소유권이 있다는 마음으로 드립니다. 두 번째 사람은 십의 오를 드리는 거죠. 그러면서 하나님이 자기에게 주신 십의 오를 가지고 넉넉하다며 그 십의 오에 대한 소유권은 자신에게 있다고 생각하는 거예요. 누가 온전한 십일조를 한 사람일까요?"

"실제로 헌금을 많이 한 사람은 후자이지만, 온전한 십일조를 한 사람은 전자가 아닐까요?"

"그렇죠. 아무리 십의 구를 헌금해도 나머지 하나에 대한 소유권이 나 자신에게 있다고 한다면 그 사람은 하나님께서 왜 십일조를 요구하셨는지 그 의미를 모르는 사람이라 할 수 있어요."

"그럼 제가 받은 월급에 세금을 떼기 전과 세금을 뗀 후 어떤 금액으로 드리는 것이 참 십일조인가요?"

"솔직히 저에게 그것은 중요하지 않아요. 그것은 각자의 믿음의 분량에 따라 다를 수 있어요. 단, 공통적이어야 하는 것은 세금 떼기 전 금액으로 드리든, 세금을 뗀 후에 금액으로 드리든 남아 있는 것에 대한 소유권이 하나님께 있음을 인정해야 한다는 거예요. 하나님은 물질에 대해 십의 일을 드리면서 이 고백을 반드시 하라고 말씀하고 계세요. 왜냐하면 온전한 십일조는 하나님이 내 모든 것의 주인임을 고백하는 신앙 고백이기 때문이죠. 결코 포기할 수 없는 삶의 영역인 거예요."

"그러면 제 아내도 온전한 십일조를 잘 모르고 하는 것 같네요. 아이들에게 용돈을 주면서 십일조만 하고 나머지는 알아서 잘 사용하라고 하거든요. 성경이 말하는 십일조의 의미가 탐욕의 마음을 버리는 것. 하나님의 것을 내 것이라 주장하는 자세에서 내게 있는 모든 것의 소유권이 하나님께 있다는 신앙 고백이라는 것은 알겠어요. 그런데 여전히 마음이 어렵네요. 십의 일도 힘든데 십의 구도 내 것이 아니라니……."

"성도님, 그런데요. 십의 구는 대부분은 누구를 위해 사용할까요?"

"그야…… 우리 아이들 공부 시키고, 필요한 것 사고, 여름에는 가족 휴가를 가는 데 사용하기도 하죠."

"네, 그래요. 하나님은 지금처럼 그렇게 사용하기를 원하시는 거예요."

"네? 다 헌금하거나 어려운 사람을 돕고 선교하는 쪽으로 사용해야 하는 것이 아니고요?"

"네. 하나님은 십의 일을 통해 모든 소유가 하나님께 있다는 고백을 우리에게 받길 원하세요. 그것은 우리의 영혼을 위해서죠. 하나님을 믿는 믿음이 참인지 거짓인지는 입에 발린 고백이 아니라 삶을 통해 표현되는 고백을 가지고 증명되기 때문이에요. 하지만 하나님은 남아 있는 아홉은 대부분 우리의 삶을 위해 사용하길 원하십니다. 단, 그것을 사용하면서 그것에 대한 소유권이 하나님께 있다는 것만 기억하라는 거예요. 이 사실을 인정하는 사람들은 필요에 의해 차를 한 대 사더라도 '하나님, 주님이 주셔서 예쁜 차 한 대를 샀습니다'라고 감사의 기도를 할 수 있게 될 거예요. '하나님이 주셔서 이번에 정말 멋진 곳을 여행하고 왔고, 가족과 맛있는 요리도 먹었어요'라고 고백하게 되는 거죠. 그런데 만일 내 것으로 생각한다면 그런 기도를 하기는 힘들겠죠?"

"그렇게 이야기하시니 어려웠던 마음이 조금은 풀리는 것 같네요. 그러니까 하나님은 십의 일을 통해 우리에게 있는 모든 것의 소유권이 당신께 있다는 고백을 받고 싶으신 거네요. 그 고백을 십의 일을 통해 표현 하라는 것이고요. 남아 있는 십의 구가 나의 지갑 속에 있지만 그 소유권 역시 하나님께 있음을 알고 쓰라는 거네요."

"그렇죠. 하나님은 우리가 누리길 원하세요. 필요한 것을 사고, 마시고, 먹고, 입길 원하세요. 단, 그러한 모든 것을 누릴 때 하나님께서 내게 주신 거라는 사실을 기억하고 또 고백하길 원하시는 거예요."

역시 사람은 돈에 약한가 보다. 그 많은 배움과 깨달음에 대한 감사한 마음이 헌금 이야기에 싸늘하게 식어 가는 기분이 드는 것을 보니.

"목사님의 말씀이 충분히 이해되긴 해요. 하지만 그래도 저에게는 시간이 좀 필요할 듯해요. 머리로는 이해가 되지만 솔직히 보이지 않는 하나님께 신앙의 고백을 한답시고 흔쾌히 내어 드리기에는 제 믿음이 아직은 약한 것 같네요."

"저도 성도님의 마음을 충분히 이해해요. 그런데 물질뿐 아니라 우리의 모든 것이 다 하나님으로부터 주어졌어요. 그래서 우리의 삶의 모든 영역 속에서 내가 주인이 되어 살아가는 모습이 발견될 때마다 그 자리에 하나님을 주인으로 인정하며 살아가는 것을 신앙생활이라 할 수 있어요. 그중에서 십일조는 재물에 대한 소유권이 하나님께 있다는 고백이에요. 하지만 재물에 대한 주도권을 내어 드리는 것이 사람들에게는 가장 어려운 것 중 하나인 것 같아요. 그러나 하나님은 기다리고 계십니다. 기도하면서 천천히 성도님의 모든 것의 소유권이 하나님께 있다는 것을 하나하나 고백할 수 있었으면 합니다."

목사님의 말씀을 들으면서 지금 당장 십일조를 안 해도 된다는 허락을 받은 듯해서 왠지 안도감이 들었다. 하지만 예수님을 믿는 삶이 결코 쉬운 것이 아님을 알게 되었다. 전에 예수님을 믿으면 복 받는다고 말했던 사람들의 가르침과는 뭔가 다른 느낌이다. 지금까지 내 삶의 주도권을 내가 쥐고 달려왔기에 그것들을 하나하나 하나님께 내어 드린다는 것이 쉽지 않은 건 사실이다. 어쩌면 힘든 것이 당연한지도 모르겠다. 우리가 연약한 육체를 안고 살아가는 한 이러한 몸부림은 어쩔 수 없는 것일 수도 있겠지. 몸부림이라…… 내가 이런 표현을 다 사용하고……. 점점 그리스도인이 되어 가나 보다. 신앙적인 표현을 아무렇지 않게 쓰고 있는 것을 보니.

예수님을 믿으면 복 받는다고요?

"그런데 가끔 십일조 잘 하면 복 받는다고 하는 사람이 많이 있던데 그게 아닌가 봐요?"

"성경이 말하는 복, 특별히 십일조를 통해서 얻을 수 있는 복은 하나님이 우리 삶의 모든 소유권을 가지신 주인이고, 우리는 그분께 속한 청지기라는 사실을 확인하는 거라 할 수 있어요. 즉, 하나님이 어떤 분이시고 하나님께서 인간에게 주신 위치가 어디인지를 깨달아 알 수 있다면 그것이 가장 큰 복이죠. 왜냐하면 나의 포지션이 어디인지를 알아야 그 위치에 맞는 삶을 살아갈 수 있으니까요."

"그렇다면 헌금을 잘 하고 예수님을 잘 믿어도 복을 못 받을 수도 있다는 건가요?"

"만일 그 복을 단순히 물질적인 차원으로 이야기한다면 저는 결코 동의할 수 없네요. 우리 주위에는 예수님을 믿는 사람보다 믿지 않는 사람이 더 부자로 사는 경우가 얼마든지 있으니까요. 특별히 시편 73편을 보면 하나님을 믿지 않는 자들이 너무나 부유하게 사는 모습이 등장해요. 그로 인해 시편 저자가 시험에 들 정도였으니까요. 그들이 어느 정도 부유했는지 아주 간단히 살펴보면 그들은 인생을 살아갈 때 사람들이 겪는 일반적인 고통도 없었어요. 그리고 그들의 소득은 마음에 생각하는 것보다 늘 차고 넘쳤죠. 쉽게 말하면 올해 1억 벌고 싶다고 마음을 먹으면 10억, 20억을 벌었다는 이야기예요. 얼마나 잘 먹었는지 눈꺼풀에 살이 찔 정도였죠. 그들의 삶은 결코 선하지 않았지만 죽을 때도 아주 편안하게 죽었답니다."

"정말요? 그 정도면 사람이 이 땅에 살면서 받을 수 있는 복이란 복은 다 받은 거네요."

"그렇죠. 이 세상이 전부라면요. 하지만 성경은 이 세상이 끝이 아니라고 말씀하고 있어요. 계속해서 시편 73편을 보면 하나님을 믿는 사람들은 자신들이 늘 더 정직하고 순수하게 살지 못한 것으로 인해 몸부림치는데, 악한 사람은 너무나 편안하게 사는 것만 같았어요. 그러다 성전에 들어가면서 인간의 최후를 보게 되었죠."

"인간의 최후요?"

"네, 최후요. 인간의 끝은 죽음이 아니에요. 죽음 이후에 또 다른 세계가 있기 때문이죠."

"그렇다면 성전에서 무엇을 보았다는 건가요?"

"이스라엘의 성전은 지금 우리가 다니는 교회와 구조가 완전히 달라요. 그들의 성전은 크게 세 부분으로 구분되어 있는데, 하나는 뜰이라고 불리는 성전의 마당으로 짐승을 잡아 죽이는 모든 일이 그곳에서 진행돼요. 그리고 휘장이라는 커다란 커튼 모양의 천으로 성소와 지성소가 구분되어 있어요. 성전에 들어가게 되면 가장 먼저 만나는 곳이 바로 뜰이에요. 이 마당에는 늘 자신의 죄를 자복하고 회개하기 위해 짐승을 가지고 온 사람들로 인산인해를 이루었죠. 그러니 성전의 뜰에는 늘 무슨 냄새가 가득했을까요?"

"피 냄새가 진동했겠네요."

"그렇죠. 뜰은 짐승을 잡을 때 나온 피 냄새와 그 고기를 태울 때 나는 냄새로 진동했을 거예요. 그렇다면 이들이 왜 이곳에서 짐승을 잡고 고기를 태웠을까요?"

"자신들의 죄 문제 때문이 아닐까요?"

"맞아요. 사람들은 자신의 죄 문제 때문에 짐승을 그곳에서 죽이는 거예요. 시편 73편의 저자는 하나님을 믿지 않는 자들이 하나님을 믿는 자들보다 더 잘 사는 것을 보면서 많은 혼란을 겪었어요. 그러다 성소에 들어가면서 인간의 마지막 운명을 보게 된 거죠. 다시 말해 하나님을 믿는 자들은 자신들의 죄를 위해 피 흘려준 어린양 되신 예수님이 계시지만, 하나님을 믿지 않는 자들은 그들의 죄 문제를 위해 죽어 줄 어린양이 없다는 사실을 보게 된 거예요."

"그러니까 예수님을 믿는 자들과 믿지 않는 자들의 궁극적인 차이는 죄 문제를 해결해 줄 분이 계시느냐 그렇지 않으냐 에서 난다는 건가요?"

"네, 그래요. 이 땅에서는 열심히 노력하고 일하면 상대적으로 부유하게 살 수 있어요. 하지만 이러한 삶은 인간이 겪는 삶의

한 부분일 뿐이에요. 인간의 최종 운명은 죄의 문제를 해결해 줄 수 있는 예수 그리스도를 나의 하나님으로 믿고 살아가느냐 그렇지 않으냐에 따라 결정되는 거예요. 그래서 예수님을 믿으면 이러한 최종적 복을 받게 되죠. 그럼에도 이 땅에서의 삶은 꼭 부유하지 않을 수도 있는 것이죠."

나는 '예수님을 믿으면 복 받습니다'라는 말을 참 많이 들었다. 이때 복을 세상에서의 형통함으로만 생각했다. 하지만 목사님의 이야기를 들으면서 그러한 형통함도 얻을 수 있겠지만, 궁극적인 복은 죄의 문제가 해결되어 영원한 하나님 나라에 들어가는 것이라는 사실을 다시 한 번 깨닫게 되었다. 목사님과 두 번째 만남 때 나눴던 인간을 구원하기 위해 죽으신 예수님에 대해 잠깐 생각해 보았다.

> 목사들의 부끄러운 모습을 어떻게 이해해야 하나요?

허브차 한 모금을 마시는 목사님의 모습이 눈에 들어왔다. 그리고 실례가 될 것 같았지만 이번에도 마음속에 담아 두었던 이야기를 꺼냈다. 목사님은 이러한 질문을 해도 왠지 이해해 줄 것만 같았다.

"목사님······."

"네?"

해맑게 웃는 모습에 좀 미안하긴 했지만 그래도 입을 열었다.

"솔직히 예전부터 목사님이라는 분들에게 한 가지 꼭 물어보고 싶은 게 있었어요. 요즘 인터넷이나 뉴스를 보면 사건 사고에 목사님들 이름이 심심찮게 오르락내리락하는데, 그러한 모습들이 저와 같은 사람에게는 많은 혼란을 주는 것이 사실이에요. 아무리 목사님처럼 성도들을 잘 이끌어 주고 설명해 주는 좋은 분이 있다 해도, 그런 일들이 한 번씩 터지면 목사님들과 교회에 대해 안 좋은 마음을 갖게 되거든요. 그리고 많은 사람이 교회와 목사님들에 대해 입에 담기 힘든 표현들도 자주 쓰는 게 사실이고요."

나도 모르게 거친 표현을 쓰고 말았다.

"아······ 목사님, 죄송합니다."

"괜찮습니다."

전혀 괜찮아 보이는 표정이 아닌 것 같다. '쓸데없는 이야기를 꺼낸 것이 아닐까?'라는 후회가 밀려 왔지만 이미 엎질러진 물. 목사님은 깊은 한숨을 내 쉬며 말을 이어 갔다.

"먼저 사과부터 하고 싶네요."

"목사님이 왜 사과를······"

"제가 모든 목회자를 대표할 수 있는 것은 아니지만 목사라는 이름을 가지고 있으니까 꼭 사과를 드리고 싶네요. 너무나 죄송합니다. 언론을 통해 목회자들의 연약한 모습을 보며 상처받고 분노하는 모든 분을 일일이 찾아가서 죄송하다고 말할 수 있다면 그렇게라도 하고 싶은 마음입니다. 솔직히 이 부분에 대해서는 변명의 여지가 없어요. 목회자들이 잘못한 것은 잘못했다고 솔직히 인정하고, 성도들과 많은 사람에게 사과하는 것이 옳으니까요. 특별히 목회자들의 잘못된 모습으로 인해 상처받아 하나님을 떠난 분들에게는 더더욱 죄송하고 또 죄송한 마음이에요. 이만큼밖에 사죄드리지 못하는 것이 너무 송구할 정도로요."

전혀 생각지도 않은 목사님의 반응에 정작 당황한 사람은 바로 나였다.

"목사님, 자꾸 왜 그러세요? 그런 말을 들으려고 질문한 것이 아닌데……. 그리고 목사님이 그러신 것도 아니고요. 목사님이 그러시니까 제가 더 죄송해지잖아요."

하지만 목사님의 그러한 반응이 참으로 신선했고 옳다고 여겨졌다.

"염치없게 들릴 수도 있겠지만, 목사로서 드리는 부탁의 말 한 번만 들어줄 수 있나요?"

지금까지의 목사님의 모습과 다르게 양해를 구하며 이야기를 하는 모습이 참으로 특별하게 다가왔다.

"네……"

"많은 사람이 목사에 대해 환상을 가지고 있는 듯해요. 목사는 죄도 안 짓고, 욕심도 없고, 어떠한 욕망도 없다고 생각을 하는 거죠. 그러나 전혀 그렇지 않아요. 목사는 하나님께서 영혼들에게 하나님의 말씀을 잘 연구하여 가르치고, 양육하도록 세워주신 자일 뿐이에요. 다시 말해 목사도 날마다 하나님의 말씀 안에 거해야 하고 그 말씀을 붙들고 매 순간 몸부림치며 살아야 하는 연약한 존재라는 거죠. 하나님 앞에 겸손히 무릎 꿇지 않으면 한순간에 넘어질 수 있는 연약함을 가지고 있는 사람이 저와 같은 목사입니다. 그래서 때로는 같은 목사임에도 불구하고 여기저기에서 넘어진 목회자들의 소식을 들으면 안타까움과 더불어 솔직히 두렵기도 해요. 저라고 그들과 뭐가 다를 수 있겠어요. 저 역시 한순간에 넘어질 수 있는 연약함을 가지고 있다는 것을 저 자신이 너무나 잘 아는데 말이죠. 그러니 저와 같은 연약한 목사들을 위해 꼭 기도해 주세요. 그리고 좀 염치없는 부탁이기는 하지만 저와 같은 목사들의 어떠함으로 인해 성도님의 신앙이 좌지우지되지 않았으면 해요. 목사들이 넘어졌다고 해서 하나님을 믿는 신앙까지 버려서는 안 되는 것이니까요. 목사들의 연약함이 우리 하나님의 모습은 결코 아니에요. 그러니 하나님을 향한 성도님의 신앙까지 버리지 않았으면 좋겠다는 부탁을 꼭 하고 싶네요."

"네……."

"감사합니다."

목사님의 말씀을 들으면서 목사님들도 우리와 똑같은 연약함을 가지고 있다는 것을 새삼 다시 생각하게 되었다.

"그리고 혹 길을 걷거나 일을 할 때 갑자기 제 이름이 생각나면 그때 한마디만 저를 위해 기도해 주세요."

"뭐라고 기도하면 될까요?"

"'하나님, K 목사님이 변질되지 않고 평생 순수하게 하나님 앞에서 사는 목회자 되게 해주세요'라고 기도해 주시면 좋겠어요."

"그렇게 한마디만 하면 되는 건가요?"

"네, 그거면 충분합니다. 저를 위해 시간 내서 기도하기는 쉽지 않을 테니 제 이름이 생각날 때 그 순간 이 한마디 기도만 해주세요. 그러면 정말 감사하겠습니다."

"잘 알겠습니다. 목사님."

성경이 추구하는 가치

"목사님, 성경이 추구하는 가장 큰 가치는 뭔가요?"

이젠 질문하는 것이 참 자연스러워진 듯하다.

"하나님이 우리에게 요구하시는 가치를 이야기하는 건가요?"

"네. 하나님께서 당신을 믿고 따르는 자들에게 요구하시는 가치 같은 거요?"

"그것은 두 가지이면서 동시에 한 가지예요. 바로 '전인격을 다해 하나님을 사랑하는 것'이죠. 하나님께서 인간을 창조하신 이유도, 그리고 죽음에 갇힌 인간을 구원하신 것도 모두 인간을 향한 사랑 때문이에요. 그래서 하나님은 당신을 믿고 따르는 모든 자가 그렇게 하나님을 사랑하기를 원하세요."

"전인격을 다해 하나님을 사랑하라……. 그런데 목사님, 눈에 보이지 않는 하나님을 어떻게 전인격을 다해서 사랑할 수 있을까요?"

"눈에 보이지 않는 하나님을 사랑하는 비결은 눈에 보이는 영혼들을 사랑하는 것이에요. 다시 말해 눈에 보이는 이웃을 사랑하는 것이 눈에 보이지 않는 하나님을 사랑하는 것과 같아요. 그래서 제가 하나님께서 우리에게 요구하시는 가치가 두 가지이면서 동시에 한 가지라고 말한 거예요. 성경은 눈에 보이는 형제를 사랑하지 못하면서 눈에 보이지 않는 하나님을 사랑한다고 말하는 것을 거짓말이라고 했어요."누구든지 하나님을 사랑하노라 하고 그 형제를 미워하면 이는 거짓말하는 자니 보는 바 그 형제를 사랑하지 아니하는 자는 보지 못하는 바 하나님을 사랑할 수 없느니라"_요일 4:20. 다시 말해 하나님을 가장 확실하게 사랑하는 방법은 예수님께서 죄와 죽음 아래 갇혀 죽어 있던 우리를 살리시기 위해 행하신 것과 같은 사랑으로 우리도 이웃을 사랑하는 거예요."

"예수님이 우리를 사랑하시듯 우리도 다른 사람을 사랑하라는 말씀인가요?"

"네. 그런데 하나님은 믿는 자들에게 무조건 사랑하라고 말씀하지 않으셨어요. 하나님은 모든 믿는 자가 추구해야 할 사랑의 기준을 정해 주셨어요. 바로 '예수님이 나를 사랑하시듯 사랑하라'는 것이에요"내 계명은 곧 내가 너희를 사랑한 것 같이 너희도 서로 사랑하라 하는 이것이니라"_요 15:12. 솔직히 이러한 사랑은 예수님의 사랑을 받은 자들만이 할 수 있는 것이기도 해요. 수준에는 차이가 있을 수 있으나 예수님과 똑같은 방향성을 가진 사랑을 하는 거예요."

"그런데 목사님…… 그게 말처럼 쉽지가 않더라고요."

"그럼요. 당연히 어렵죠. 아니 어쩌면 육신의 연약함을 가진 자들에게는 불가능할지도 모르겠어요. 하지만 우리가 예수님께 받은 사랑이 얼마나 큰 것이고 가치 있는 것인지 깨달아 알게 될 때, 그리고 겸손히 그러한 사랑을 할 수 있는 힘을 달라고 기도할 때 우리 안에 계시는 하나님께서 조금씩 그러한 사랑의 삶으로 우리를 이끌어 가시는 것을 보게 될 거예요."

"그렇다면 예수님이 나에게 어떠한 사랑을 주셨는지 깊이 아는 것이 중요하겠군요. 그리고 예수님과 같은 사랑을 할 수 있도록 기도해야 하고요."

"네. 바로 그거예요."

"그럼 마지막으로 한 가지만 더 질문해도 될까요?"

"그럼요. 얼마든지요."

"목사님은 신앙생활이 뭐라고 생각하시나요? 예수님이 가장 기뻐하시는 신앙인의 모습이 무엇인지 질문하는 거예요."

"음…… 간단한 질문은 아니네요. 그런데 저는 개인적으로 '내가 사랑하는 하나님이 좋아하시는 것을 나도 좋아하고, 내가 사랑하는 하나님이 싫어하시는 것을 나도 싫어하는 것'을 저의 신앙의 가치 중 하나로 삼고 있어요. 우리는 살면서 참 많은 갈림길에 서게 되는데 그때마다 하나님이 좋아하시는 게 무엇인지, 그리고 싫어하시는 게 무엇인지 가장 먼저 생각하는 것. 그래서 하나님이 좋아하시면 나도 그것을 좋아하고, 하나님이 싫어하시면 이유 여하를 막론하고 거절하게 되는 것이죠."

"결국, 예수님을 사랑하는 삶이네요."

"그렇다고 할 수 있죠. 이것은 사랑하는 연인이 결혼하여 부부가 된 모습을 생각하면 좀 더 쉽게 이해가 될 것 같아요. 하나님은 당신의 백성에게 '거룩한 삶'을 요구하세요. 그러면서 이렇게 말씀하시죠. '내가 거룩하니 너희도 거룩해라레 11:45.' 얼핏 보면 상당히 부담 되는 말씀처럼 들리기도 하죠. 하지만 이 말씀을 재해석해 보면 '나는 영원히 너만 바라보며 너만 사랑하겠다. 결코 한눈팔지 않겠다. 그러니 너도 나만 바라봐야 한다'는 의미인 거예요."

"꼭 결혼할 때 신랑 신부가 서약하는 것처럼 들리네요."

"네, 맞아요. 하나님은 지금 당신을 믿는 자들을 향해 신랑의 위치에서 말씀하시고 있는 거예요."

"그래도 어떻게 하나님만을 사랑할 수 있죠? 그건 좀 무리한 요구 아닌가요?"

"만일 신랑이 신부에게 '주위에 여러 남자가 있으니 당신은 나만 사랑하지 말고 두루두루 다른 남자도 사랑하며 사세요. 어떻게 나만 사랑할 수 있겠어요'라고 말한다면, 오히려 그 말이 신부를 모독하는 것이 아닐까요? 성도님도 결혼할 때 아내 되는 분에게 '당신만 사랑하겠어요'라고 약속하지 않았나요?"

"그렇게 약속했죠."

목사님의 이야기를 들으니 그 말이 맞다는 생각이 들었다. 적어도 사랑하는 사람 사이에서의 사랑은 결코 나뉠 수 없는 것이니까. 그리고 '나만을 사랑하고 나만을 바라보라'는 요구는 상대에 대한 배려요, 상대에 대한 나의 사랑의 표현이기도 하니까.

"그러고 보면 오랜 시간 속에서 하나님은 우리만 바라보고 우리만 사랑하셨어요. 그것이 성경의 역사이고, 성경이 말씀하는 것이기도 해요. 예수님께서 우리만을 바라보시겠다고 서약하는 장면은 최후의 만찬에서도 등장해요."

"네? 포도주와 떡을 먹는 의식에서 말인가요?"

"네, 본래 최후의 만찬 즉 성찬은 예수님의 영원한 생명이 내 안에 들어와 연합되는 의미가 있지만, 그와 더불어 또 다른 의미가 담겨 있어요."

성찬에 또 다른 의미가 있다는 목사님 말에 궁금증이 생기기 시작했다.

나의 신부가 되겠습니까?

"유대인의 혼인예식은 보통 일주일 동안 해요. 우리는 대부분 휴일이나 주말에 결혼식을 하는데, 유대인은 셋째 날을 선호했다고 해요. 왜냐하면 하나님께서 천지를 창조하실 때 셋째 날에 '좋았다'라는 표현을 두 번 사용했기 때문에 그날을 더블 블레싱 데이로 여겼던 거예요창 1:9-13. 그래서 보통 셋째 날에 시작된 혼인예식은 그다음 셋째 날에 끝이 나게 되죠. 혼인예식에 있어 하이라이트는 마지막 날 예비 신랑이 신부에게 포도주잔을 건네는 순간이에요. 이때 예비 신부가 신랑이 건네는 포도주잔을 받아 마시면 혼인예식이 성사되고 끝이 나게 되죠. 그런데 만일 신부가 포도주잔을 받지 않는다면 어떻게 될까요?"

"그러면 혼인이 취소되는 건가요?"

"예식장에서 주례 하는 사람이 '신랑은 신부를 사랑하고, 신부는 신랑을 사랑하겠습니까?'라고 물을 때 '아니요'라고 말하는 사람은 거의 없을 거예요. 이처럼 예비 신랑이 건네는 포도주잔을 거부하는 경우도 거의 없어요. 다시 말해 신랑이 건네는 포도주잔은 신부를 향해 '평생 내 곁에서 나의 신부로 살지 않겠습니까?'라는 의미가 담겨 있는 거라 할 수 있는 거예요. 그리고 신랑의 포도주잔을 받은 신부는 '네, 기꺼이 평생 당신의 신부가 되겠습니다'라는 화답의 의미가 있는 것이죠."

"그게 성찬식과 무슨 연관성이 있는 거죠?"

"성찬 때 예수님께서 제자들에게 포도주를 건네주신 것은 당신의 사람들과 완전한 연합을 상징하는 언약식과 같았어요. 즉, 예수님께서 건네신 포도주잔에 '너희는 나의 거룩하고 순결한 신부로 살아가겠니?'라는 의미가 담겨 있다면, 제자들이 예수님으로부터 받은 잔은 '네, 주님의 거룩한 신부로 살아가겠습니다'라는 의미가 담겨 있는 것이에요. 그렇기 때문에 믿는 자들이 성찬의 영적 의미를 알게 된다면, 내가 예수님께 속한 자임을 깨닫고 예수님이 다시 오실 때까지 거룩하고 순결한 삶을 살아야 하는 거예요."

성찬을 가지고 이렇게 설명하는 것은 참으로 신선했다. 하지만 목사님이 설명한 대로라면 성찬은 단순한 만찬을 넘어서 혼인예식과 같은 의미가 있는 것이 아닐까? 그렇다면 예수님을 믿는 자들은 이 땅을 살아갈 때 자신들이 그분의 신부로 언약한 자라는 의식을 가지고 주님만을 사랑하며 살아가는 것이 옳은 게 아닌가.

"목사님, 그러니까 우리와 언약식을 하신 예수님께서 우리만 바라보고 신랑으로서 성실하게 신부를 대하고 사랑하듯, 신부 된 우리 역시 예수님만을 바라보고 사랑해야 한다는 말씀으로 이해해도 될까요?"

"네, 바로 그거예요. 성경은 믿는 자들의 신분을 아주 다양하게 표현하는데, 그 표현마다 우리에게 주는 영적 교훈들이 있어요. 다시 말해 하나님께서 우리에게 거룩함을 요구하시는 것은 그분이 우리를 당신의 신부로 여기신다는 의미가 있다고 할 수 있는 것이죠."

창조주가 넘어지기 쉽고 부족한 인간을 당신의 신부, 그러니까 완전한 사랑의 대상으로 여기신다니 놀랍기도 하면서 '왜 그렇게까지 인간에게 집착하시지'라는 생각이 들기도 했다. 하지만 분명한 것은 하나님이 인간을 참으로 특별하게 여기신다는 사실이다.

> 당신의 삶은 어느 곳을 향해 가고 있나요?

"성도님은 지금 무엇을 위해 살고 있나요?"

갑작스러운 목사님 질문 앞에 아무런 말도 하지 못한 채 목사님 얼굴만 뚫어져라 쳐다봤다.

그리고 나서 내뱉는단 말이 고작.

"글쎄요……."

짤막한 대답을 한 나는 나름대로 무엇을 위해 사는지 재빠르게 머리를 굴려 그럴싸한 대답을 하고 싶은데 얼른 생각이 나질 않는다.

"많은 사람이 자신이 왜 이 땅에 태어났고, 또 무엇을 위해 살아가야 하며, 인생의 마지막에 어떠한 일이 일어나는지 깊이 생각해 보질 않는 것 같아요."

목사님의 말이 사실이다. 나는 이러한 생각을 거의 해본 적이 없었다. 그저 살아 있으니까 살아왔던 것이지 내 생명이 어디에서부터 와서 어디로 가고 있고, 또 마지막에 어디로 갈 것인지에 대해 깊이 생각해 보지 않았다.

"완벽하지는 않지만 인간에게 있어 시간과 공간을 초월할 수 있는 것이 하나 있는데 그게 바로 생각이에요. 사람들은 눈을 감고 원하는 곳을 생각하고, 또 원하는 때를 생각하면 희미하게나마 그곳에 가 볼 수 있죠. 기억이 남아 있는 한 과거로도 갈 수 있고, 정확하지는 않지만 기분 좋은 상상을 하면서 미래도 가 볼 수 있고요."

"뭐, 그야 그렇기는 하죠."

"한번 과거에서부터 지금, 그리고 앞으로 성도님의 삶에 어떠한 일들이 펼쳐질지 생각해 보면 어떨까요? 먼저 제가 어린 시절 시골에서 자라면서 겪었던 일을 예로 들어 보고 싶네요. 제가 살았던 마을에서는 가끔 커다란 돼지 한 마리를 잡고 마을 잔치를 하는 경우가 있었어요. 돼지 키우는 곳에 가서 돈을 지급하고 커다란 돼지를 산 다음 1톤 트럭에 싣고 오면 되는 거죠. 그런데 돼지는 자기 죽음을 직감한 듯 웬만해서는 트럭에 오르질 않으려고 해요. 사람의 힘으로 덩치 큰 돼지를 싣는 것이 여간 힘든 게 아니었죠. 이때 돼지를 1톤 트럭에 싣는 방법 중 한 가지가 있는데 그게 바로 돼지가 좋아하는 콩 쪼가리 같은 것들을 뿌려놓는 거예요. 그러면 돼지는 그것을 먹으면서 무장 해제가 되죠. 그러다 1톤 트럭 근처 사다리에 뿌려 놓은 콩 쪼가리를 먹으려고 할 때 긴 대나무로 돼지의 엉덩이를 치면 깜짝 놀란 돼지는 사다리를 밟고 적재함으로 들어가게 돼요. 이때 인부들이 적재함을 닫아 버리면 트럭에 돼지 싣는 작전은 끝이 나죠. 당시 저는 그 모습을 보면서 인생에 대해 생각하게 되더라고요."

"그것을 보고 인생에 대한 생각까지 했다고요?"

"네, 우리의 인생도 시기마다 여러 콩 쪼가리가 떨어져 있겠구나 싶더라고요. 학창 시절에는 좋은 중학교, 고등학교를 가야만 행복할 거라는 생각으로 공부하며 달려가죠. 하지만 그렇게 달려서 원하는 고등학교에 왔는데 달라지는 것은 그다지 많지 않은 것 같아요. 이후 시간이 지나 좋은 대학을 가야 성공할 수 있다는 말을 듣고 그것을 추구하며 또 열심히 달리기 시작하죠. 하지만 막상 대학을 가도 여전히 마음 한구석에는 뭔가 허전하기만 하더라고요."

"네……"

"그리고 그다음에는 좋은 직장에 가야 한다고 하고, 좋은 직장에 들어가면 좋은 사람을 만나서 결혼해야 한다고 하고, 결혼하면 좋은 집과 자동차를 그리고 육아를……, 또 한참 육아를 하다 보면 내가 언젠가 좀 더 나은 삶이 주어질 거라는 기대를 하고 달렸던 것처럼 내 자녀에게도 그러한 삶을 강요하고 있는 나를 보게 되고, 내 자녀가 나와 같은 삶을 살아서 자녀를 낳을 때쯤 되면 우리 머리에는 하얀 서리가 가득하게 되겠죠. 이 세상을 떠날 날이 눈앞에 다가오는 것이죠. 지금 성도님은 어디까지 달려온 것 같나요?"

목사님의 말씀을 들으니 나도 좀 더 나은 삶을 추구하면서 좋은 대학, 직장, 결혼까지 달려왔던 것이 사실이다. 그리고 큰 딸아이가 이제 초등학교 2학년인데 벌써 내가 걸어왔던 삶을 또 다시 자녀에게 요구하고 있는 나를 보게 된다. 내 딸이 지금의 나처럼 커서 가정을 이루게 되면 나 역시 이 땅을 떠날 날이 가까워 오겠지? '나는 무엇을 위해 살고 있는가!' 라는 생각에 대한 답을 아무리 찾아도 찾을 수 없었다.

이때 목사님이 먼저 이야기를 꺼냈다.

"모든 사람이 인정하든 그렇지 않든 관계없이 제가 가진 소신을 말씀드리고 싶네요. 인간의 삶의 목적과 방향은 하나님을 떠나서는 결코 찾을 수 없어요. 왜냐하면 인간은 영원하지 않은 것으로는 결코 만족할 수 없는 존재로 창조되었기 때문이죠. 그런데 문제는 세상에 있는 것들 가운데 영원한 건 없다는 거예요. 그래서 이 세상에 있는 것을 가져 보고 또 가져 봐도 사람들은 여전히 목말라하고 배고파하는 것이죠. 생명을 준 이가 없는데 숨 쉬고 있는 자가 어디 있겠어요. 우리 인간의 생명은 스스로 주어진 것이 아니라 생명을 주신 분에 의해 주어졌어요. 이 땅에는 영원한 것이 없습니다. 성도님은 지금 인생의 절반을 살았고, 나머지 절반은 시들어 가는 시간이 될 거예요. 40년의 인생길을 걸어오면서 무엇을 위해 살아야 하고, 어디로 가야 하는지 알지 못한 채 걸어오셨나요?"

"네, 그런것 같네요……."

"그러면 이쯤 되면 세상에 영원한 것이 없고, 또 세상에 있는 많은 것을 가져도 그것이 결코 우리에게 영원한 만족을 줄 수 없다는 것을 인정할 때도 되었다고 여겨집니다. 이것을 아는데 얼마나 더 많은 시간이 필요한가요? 이제는 영원하지 않은 것에서 영원한 하나님께로 성도님의 마음의 눈을 돌렸으면 해요. 하나님은 성도님에게 생명을 주신 분이십니다. 그리고 성도님에게 영원한 생명을 주시고자 예수님을 이 땅에 보내 주셨어요. 하나님은 성도님을 얻기 위해 정말 많은 것을 포기하셨습니다. 그리고 각오하셨어요."

마음이 참 어렵다. 이왕 신앙생활 할 거라면 한 번쯤은 교회라는 곳과 하나님에 대해 제대로 알아보자 하는 마음으로 목사님을 만났는데 지금 나의 마음은 오히려 더 무겁다. 그런데 이 무거움이 불쾌한 무거움이 아니라 나 자신을 위해 반드시 필요한 무게감이라는 사실을 인정할 수밖에 없었다.

목사님 말씀처럼 내 나이가 벌써 40하고 하나다. 80을 산다면, 내게 40년 정도가 남아 있다. 살아온 40년을 삶의 이유와 목적을 알지 못한 채 살아왔다면 나머지 40년은 그 목적과 이유를 알고 걸어가고 싶다. 이 세상에 영원한 것은 없으니까. 생각이 많아진다. 영원하지 않은 것에 내 삶을 거는 것이 아니라 영원한 것에 내 삶을 걸어야 하지 않을까? 그 영원한 것이 하나님이라면 그분을 제대로 한번 믿어 봐야 하지 않을까? 하지만 여전히 나는 망설이고 있다.

목사님과 서로 마주 보며, 옅은 미소를 지어 본다.

> 인간을 창조하실 때 하나님이 하신 각오

시간 가는 줄 모를 만큼 목사님과의 대화는 즐거워졌다. 목사라는 이름을 가진 분들이 참 어렵게 느껴졌는데 그 벽이 허물어진 느낌이다. 목사님은 또 다른 질문이 있느냐는 표정으로 나를 바라본다. 이 목사님은 정말 사람들이 하나님에 대해 오해하고 있고, 또 왜곡되게 알고 있는 것들을 할 수 있는 한 해결해 주고 싶어 하는 분 같다.

"또 다른 질문 있느냐고 물어보려고 하신 거죠?"
"오! 어떻게 아셨어요?"
"목사님, 지금까지 참 많이 감사했어요. 함께한 네 번의 만남이 제 삶의 큰 의미가 되었어요. 물론 아직도 모르는 것이 많고 믿어지지 않는 게 많지만, 제게 주어진 인생과 하나님이 어떤 분이신지에 대해 진지하게 생각해 볼 수 있는 시간이어서 참 좋았어요. 이번 주부터는 교회 오는 마음가짐이 이전과 달라질 것 같네요."
"별말씀을요. 진지하게 대화에 임해 주셔서 오히려 제가 더 감사해요."
"그런데 목사님⋯⋯ 아⋯⋯아닙니다."

목사님을 만나면 가장 먼저 물어보고 싶었던 선악과에 대한 질문이 불현듯 머리를 스치고 지나갔다. 하지만 시간이 너무 많이 지나서 그냥 접어두고 싶었다.

"무슨 하실 말씀 있으세요?"

"아, 별거 아니에요. 그냥 맨 처음 목사님과 네 번의 만남을 갖기로 하고 성경을 읽으면서 목사님을 만나면 '그렇게 인간을 사랑하신 하나님께서 왜 선악과를 창조하신 걸까? 하나님은 모든 것을 알고 계신 분이시니 인간이 선악과를 따 먹을 것도 아시지 않으셨을까?'라는 질문을 하고 싶었거든요. 그런데 지금껏 잊어버리고 있었네요. 다음에 만날 기회가 또 있다면 그때 말씀해 주세요."

"아니에요. 지금 할게요. 제가 지금 해드리고 싶어요. 성도님과 오늘이 네 번째 만남인데 이 질문에 대한 대답으로 이번 만남을 마무리하면 좋을 것 같네요."

"시간이 많이 지났는데 괜찮으시겠어요?"

"그럼요. 괜찮아요. 성경은 소설책도 아니고 과학책도 아니에요. 일반 상식을 다루는 책은 더더욱 아니고요. 첫 번째 만남에서 이야기했듯이 성경은 하나님이 인간을 왜 창조하셨으며 어떻게 사랑했는지를 기록한 인간을 향한 하나님의 러브스토리예요. 그래서 성경을 가장 잘 읽은 사람은 성경 속에 담긴 인간을 향한 하나님의 사랑을 발견하는 것이고요. 질문에 대한 결론부터 말하자면 선악과 속에도 인간을 향한 하나님의 사랑이 담겨 있어요."

"선악과에 하나님의 사랑이 담겨 있다고요? 하나님께서 그건 따 먹지 말라고 하시지 않았나요? 사랑이 담겨 있다면 왜 따 먹지 말라고 하셨는지……."

"두 가지 차원으로 말씀드릴게요. 첫 번째는 하나님은 인간을 창조하셨지, 하나님을 창조하신 것이 아니라는 사실이에요. 다시 말해 인간은 모든 것을 할 수 있는 존재가 아니라는 말이에요. 지금까지 선악과에 대한 질문을 여러 차례 받아 왔어요. 하지만 '목사님, 하나님은 인간을 창조하신 이후 선악과 하나만 빼고 인간에게 다 주셨네요. 정말 감사하네요'라는 식의 질문을 받아 본 적은 없었던 것 같아요. 많은 것을 주셨지만 그중에 하나를 금하셨다는 사실에 막연한 불만과 불평만 담긴 질문을 받아 온 것 같아요."

목사님의 말씀을 들으니 또다시 생각에 잠기게 된다. 그렇다. 하나님은 선악과만 안 된다고 했지 다른 것은 그 어떤 것도 금하지 않으셨다. 다른 것을 금하면서 선악과까지 금했다면 모를까 모든 것을 다 허락하신 하나님이 선악과 하나만 금하셨다면, 그것이 과연 불평할 일일까? 나도 자녀들을 사랑하지만 모든 것을 다 허락하지는 않는다. 자녀에게 무언가를 금했다는 것이 곧 자녀를 미워하는 것은 아니다. 사랑하기 때문에 금하는 것이 대부분이라는 것을 나는 아이들을 키우면서 알게 되었다.

"성도님, 사랑하는 자에게 모든 것을 허용하는 것이 꼭 사랑은 아니에요. 때로는 허용하지 않을 때, 그때도 여전히 사랑하는 거예요. 가끔 사람들은 하나님께서 허용하지 않았기에 우리를 사랑한 것이 아니다 라는 식의 논리를 펴기도 해요. 하지만 그렇지 않아요. 사랑하기 때문에 허용하지 않은 것이에요. 성도님 매일같이 여러 여성을 만날 거예요. 그러나 성도님에게 허락된 여인은 성도님의 아내뿐이죠. 아내가 아닌 다른 여성을 사랑하는 것은 성도님에게 허락되지 않았어요. 그럼에도 성도님은 자신에게 허락된 아내의 사랑에 만족하며 살아가죠. 하나님께서 눈에 보이는 선악과를 눈에 잘 띄는 동산 정 중앙에 두신 이유는 하나님께서 허용하지 않는 사랑을 보여 주기 위함이에요."

인간이 꼭 선악과를 따 먹어야만 했는가? 그것을 금했다고 하나님의 사랑에 문제가 있는 것인가? 나는 스스로 질문하고 아니라고 답했다. 목사님 말씀처럼 '왜 선악과를 못 먹게 했는가!'라는 의문은 '하나님과 같이 되고자 했던 타락한 속성을 가진 사람들이 만들어 낸 질문이라는 생각을 하게 되었다. 그러면서 이러한 생각을 하고 있는 내 자신이 또 한 번 대견스러웠다.

"선악과는 '먹어야 하는 것을 왜 못 먹게 하셨는가?'라는 식으로 그 문제에 접근해서는 안 돼요. 선악과에는 인간을 향한 하나님의 또 다른 사랑이 담겨 있어요."

어느덧 나는 목사님의 명쾌한 대답을 기다리며 그의 얼굴을 주목하고 있었다. 그런데 잠시 침묵이 흘렀다. 목사님의 눈에 옅은 눈물이 고인 듯해 보였다. '내가 뭘 잘못 질문했나?'라고 생각하던 찰나에 목사님의 말씀이 이어졌다.

"하나님께서 인간을 창조하실 때, 그것도 무언가를 선택할 수 있는 존재로 창조하실 때 몇 가지 각오를 하셔야만 했어요. 하나님은 인간을 기계적으로 만드신 것이 아니라, 생각하고, 고민하고, 선택하는 존재로 만드셨어요. 하나님은 인간을 창조하신 이후 우리에게 상상을 초월한 특권과 복을 주셨어요. 하나님은 사람에게 부여해 주신 은혜와 복을 통해 당신께서 우리를 얼마나 사랑하고 있는지 보여 주셨죠. 그리고 인간들이 하나님께서 일방적으로 주신 사랑에 또 다른 사랑으로 반응하길 원하셨어요. 그것이 하나님께서 인간을 창조하실 때 인간 안에 불어 넣으신 것이었어요. 성도님은 조금 전에 '하나님은 인간이 선악과를 따 먹을 것을 아시지 않으셨을까?'라고 질문했었죠?"

"네……."

"하나님은 아담과 하와가 선악과를 따 먹을 수 있다는 것, 그럴 수 있을 거라는 상황을 염두에 두셨어요. 하지만 아셨다는 것과 선악과를 따 먹길 원하셨다는 것은 다른 논리입니다. 하나님께서 자신이 원하는 것을 선택할 수 있는 존재로 인간을 창조하셨다는 것은 인간에게 선악과를 따 먹을 수도, 따 먹지 않을 수도 있는 선택권이 주어졌다는 것을 의미해요. 마치 집에 귀한 물건을 들여온 아버지가 자녀에게 '이건 절대 만지면 안 된다'라고 하지만 자녀는 그것을 만질 가능성을 가지고 있는 것과 같은 이치죠. 하나님은 인간을 그렇게 선택권을 가진 존재로 지으신 거예요. 하나님은 모든 것을 선택할 수 있는 인간이 스스로 하나님의 말씀을 선택하며, 그분의 사랑을 신뢰하길 원하셨던 거예요. 선악을 알게 하는 나무의 열매를 따 먹는 것을 절대로 선택하지 않기를 바라셨던 것이죠. 저 역시 이 부분에 대해 참 많은 고민을 했어요. 그러면서 하나님께서 인간을 선택권을 가진 피조물로 창조하실 때 참 많은 각오를 하셨겠구나 라는 생각을 하게 되었어요."

"하나님께서 각오를 하셨다고요? 무슨 각오죠?"

"하나님은 몇 가지 각오를 하셔야만 했어요. 첫 번째는 인간을 향한 모든 수고를 감당하겠다는 각오예요. 앞서 이야기한 것처럼 하나님은 하나님을 창조한 것이 아니라 제한되고 유한한 인간을 창조하셨어요. 다시 말해 인간이 가진 연약함으로 인한 모든 수고를 감당하겠다는 각오를 하지 않으셨다면 인간을 창조하지 않으셨을 거예요. 이는 마치 부모가 자녀가 생겨났을 때 그 자녀로 인한 앞으로의 모든 사랑의 수고를 감당하겠다는 의지와 같은 거라고 할 수 있죠.

"자녀로 인해 사랑의 수고를 기꺼이 감당하겠다는 의지와 같은 각오라……. 그렇게 설명해 주시니 이해가 되네요."

"두 번째는 잘못된 선택을 하게 될 때 반드시 건져내시겠다는 각오예요. 하나님의 사랑을 신뢰하고, 하나님께서 허용하시는 틀 안에 머물면 좋겠지만, 만일 그 경계를 벗어나 죽음에 처하게 되더라도 죽음의 자리까지 내려가 반드시 건져내고야 말겠다는 각오를 하셨다는 사실이에요. 그것에 대한 증거가 바로 '십자가'입니다. 하나님은 인간이 생명에서 단절되었을 때 당신이 직접 내려와 생명에서 끊어진 우리를 다시 구원하시겠다고 약속하셨어요 "내가 너로 여자와 원수가 되게 하고 네 후손도 여자의 후손과 원수가 되게 하리니 여자의 후손은 네 머리를 상하게 할 것이요 너는 그의 발꿈치를 상하게 할 것이니라 하시고"_창 3:15. 그리고 실제로 죄와 죽음, 저주의 자리까지 내려오셔서 그곳에 있는 우리를 건져 내셨죠."

하나님께서 인간을 창조하실 때 각오하셨던 첫 번째와 두 번째 내용을 듣는데, 자녀를 둔 아비로서 하나님에 대한 연민이 느껴졌다. 인간적으로 따지면 하나님은 정말 인간을 창조하신 이후 죽어라 고생만 하신 것 같다는 생각마저 들었다.

"하나님이 선택권을 가진 인간을 창조하실 때 하신 세 번째 각오는 우리의 사랑에 목말라 하기로 결정하셨다는 거예요. 하나님은 무엇 하나 부족한 것이 없으신 분이세요. 그런데 그분은 당신께서 창조하신 우리에게 '하나님, 사랑합니다'라는 말을 가장 듣고 싶어 하세요. 자녀가 있으니 공감하시겠죠? 자녀들에게 사랑의 고백을 자주 듣나요?"

"네. 그럼요."

"자녀들이 사랑한다고 하면 마음이 어떠세요?"

"솔직히 온종일 일하고 피곤한 몸과 마음으로 집에 갔을 때도 아이들의 얼굴을 보고, 아이들이 '아빠 사랑해요'라고 말을 하면 뭔지 모를 따뜻함과 쉼이 주어져요. 그리고 모든 피로가 다 사라져버리죠."

"그렇다면 자녀들에게 사랑한다는 말을 얼마나 듣고 싶으신가요?"

"그야 물론 매일 듣고 싶죠."

"하나님도 그렇습니다. 성경을 보면 하나님도 당신의 자녀들의 사랑에 매여 사시는 모습이 자주 등장해요. 마태복음에 보면 성경을 잘 아는 율법사가 예수님께 이런 질문을 합니다. '율법 중에 어떤 계명이 가장 큰가요?' 이때 예수님은 '전인격을 다해 하나님을 사랑하는 것'이라고 대답하세요 마 22:35-38. 율법사의 질문과 예수님의 대답을 지금 우리 식으로 재해석해 보면 이런 식이라 할 수 있을 거예요. '예수님, 성경을 통틀어 우리에게 가장 듣고 싶은 말이 뭐예요?' 그러자 예수님께서 '너희들이 진심으로 나를 사랑한다고 말하는 거란다'라고 말씀하시는 거예요. 그 어떤 것 하나 부족함이 없으신 하나님께서 당신이 창조하신 인간의 사랑에 목말라 하기로 각오하셨던 것이죠. 그리고 마지막으로……."

마지막 말에 솔직히 내 마음이 기대되었다.

"하나님께서는 우리가 없는 세상을 생각하지 않기로 결정하셨습니다."

이 말씀을 하실 때 목사님의 목소리가 떨렸다.

"하나님에게는 우리 인간이 없었던 시간이 있었어요. 성도님에게 세 명의 자녀가 있다고 들었어요. 하지만 성도님에게도 세 명의 자녀가 없었던 시간이 있었을 거예요. 한번 물어볼게요. 자녀가 없었을 때가 더 자유롭고 편했었나요. 아니면 자녀가 존재한 이후가 더 자유롭고 편한가요?"

"편한 것으로 따지면 아이들이 없었을 때 더 편하긴 했죠. 아내랑 단둘이 있을 때는 틈틈이 영화도 보러 가고 여행도 자주 갔었는데 아이들이 생기면서 제 몸이 제 몸이 아니고, 제 시간이 제 시간이 아니게 되더라고요. 아내랑 단둘이 보내는 시간도 부족하게 되었고요."

"그러면 다시 물을게요. 전에 자유로웠던 시간, 그러니까 세 자녀가 없었던 좀 더 편한 시간으로 되돌아갈 수 있다면 그렇게 하시겠어요?"

"천만에요. 무슨 그런 끔찍한 말씀을. 아이가 셋이나 있어 조금 힘들고 불편하고 매이는 게 많은 것도 사실이지만, 그렇다고 우리 아이들이 없는 시간으로 되돌아가고 싶지는 않습니다."

"우리 하나님도 그러세요."

우리 하나님도 그렇다고 말하는 목사님의 목소리가 다시 한 번 떨렸다.

"우리 하나님도 성도님과 제가 없었던 시간이 있으셨어요. 솔직히 그분은 인간을 창조하신 이후 참 많이 고생하셨고, 또 많은 원망도 들으셨어요. 그래도 하나님께 '하나님, 우리가 없는 시간으로 되돌아가고 싶지 않으세요?'라고 묻는다면, 그분은 절대 돌아가지 않겠다고 하실 거예요. 성도님과 저는 시간을 되돌리고 싶어도 그럴 능력이 없지만 하나님은 지금이라도 그렇게 하기로 결정하시면 그럴 능력이 있으시거든요. 그럼에도 지금 우리가 이렇게 존재하고 있다는 것은 하나님께서 우리가 없는 시간으로 되돌아가고 싶은 마음이 없으시다는 것을 뜻하죠. 제가 지금 말씀드리는 것은 하나님께서 선택권을 가지고 있는 인간을 창조하기로 결정하셨을 때 이러한 모든 사랑의 각오를 기꺼이 하셨다는 것을 이야기하고 싶은 거예요. 성도님, 조금만 마음을 열고 인간을 향한 하나님의 사랑의 시선으로 선악과를 바라보세요. 하나님께서 창조하신 인간을 어떠한 상황에서도 지켜내고 보호하시며 건져 내고야 말겠다는 더 크고 더 넓은 하나님의 사랑의 눈으로 말이에요."

"제 아내가 좋아하는 성경 구절 중 하나가 이사야 43장 21절입니다"이 백성은 내가 나를 위하여 지었나니 나를 찬송하게 하려 함이니라". 제가 이 구절을 쉽게 외울 수 있었던 것은 숫자 배열이 4321이었기 때문이에요. 거기에 보면 하나님께서 인간을 창조하신 것은 하나님 자신을 위해 창조했다고 되어 있어요. 그렇다면 모든 인간은 하나님을 위해 살아야 한다는 이야기인데, 목사님 말씀은 마치 하나님이 인간을 위해 사신 것처럼 이야기하시네요."

"성도님 말이 맞아요. 하나님은 당신을 위해 우리를 창조하셨어요. 그렇다면 그 하나님은 누구를 위해 사셨을까? 그분은 당신께서 사랑하여 창조한 우리를 위해 사셨어요. 그것이 바로 성경입니다. 그래서 성경은 인간을 향한 하나님의 사랑 이야기라고 강조했던 것이죠. 하나님은 인간을 사랑하여 창조하셨고, 죄로 인해 단절된 인간을 다시 살리시기 위해 사셨어요. 하나님의 삶은 철저히 인간을 위한 삶이었던 것이죠."

나 역시 자녀가 없었던 시간이 있었다. 하지만 만일 과거로 돌아갈 수 있는 능력이 주어진다 해도 두 딸과 아들이 없는 시간으로 되돌아가고 싶은 마음은 추호도 없다. 자녀들이 없었을 때는 나만을 위한 시간이 참 많았다. 하지만 세 자녀가 생긴 이후 나를 위한 시간은 거의 없어진 것이 사실이다. 나는 그들을 위해 살아가고 있기 때문이다. 그런데 전능하다고 말씀하신 하나님도 그렇게 사셨다니…….

다시 내 가슴이 먹먹해진다. 지금껏 성경을 나의 관점으로 봐 온 것이 아닌가라는 생각이 들기 시작했다. 목사님 말씀대로라면 성경은 인간 때문에 아파하시고 괴로워하신 하나님의 이야기이다. 하나님의 희노애락喜怒哀樂은 바로 인간이었던 것이다. 그렇다면 하나님은 왜 이러한 일을 하셨을까? 왜 이토록 연약한 인간을 위해 사셨을까? 왜 이렇게 나약한 인간을 위해 모든 것을 아낌없이 내어 주신 것일까? 아무리 생각해도 답이 나오질 않는다. 세 자녀의 아빠가 되어서 그런지 두 단어만 내 가슴에 꿈틀대고 있다. 사랑과 은혜, 조건 없는 사랑과 조건 없는 은혜라고밖에 표현할 길이 없다.

'그래, 바로 사랑과 은혜다.'

닫는 글

영원한 생명을 함께하고 싶다면

 아직도 내 머릿속은 복잡하다. 유한한 존재가 무한한 존재를 다 이해한다는 것은 불가능한 것이니까.

 목사님과 함께한 네 번의 만남을 통해서 어떤 것을 바라보는가에 대한 관점의 차이가 얼마나 중요한지 알게 되었다. 막연하게 대했던 성경이 인간만을 바라보며, 인간만을 위해 사셨던 하나님의 사랑 이야기라는 사실이 이제는 어느 정도 깨달아졌다. 하나님이 한없이 부족하고 실수투성이인 내가 없는 세상보다 내가 존재하는 세상을 더 원하셨다는 목사님의 마지막 말씀에 뛰었던 내 가슴이 아직도 멈추지 않는다.

작은 말씀 암송 카드 한 장을 건네받고 목사님과 헤어져 집으로 돌아가는데 전화벨이 울린다. 친구의 어머님이 소천 하셨다는 전화였다. 급하게 집으로 가서 검은색 정장과 넥타이를 매고 장례식장으로 향했다. 사랑하는 어머니와의 이별로 인해 눈물 흘리는 친구의 모습을 보면서 겸허하게 죽음 앞에 다시 서 보았다. 예전 같으면 술 한 잔 기웃거리다 온 장례식장이었지만, 이번만큼은 그럴 수 없었다.

 이 세상에 내가 원해서 온 사람이 누가 있을까? 마찬가지로 떠날 때도 원해서 가는 사람은 아무도 없을 것이다. 내가 내 삶의 주인인 줄 알았는데, 정작 가장 중요한 생명의 영역에 있어서 나는 내가 주인이 아님을 솔직하게 인정할 수밖에 없다. 분명한 것은 지금 내가 살아 있다는 것과 동시에 죽어 가고 있다는 사실이다. 그리고 언젠가 친구의 어머니처럼 나 역시 저 자리에 누워 있게 될 것이다.
 인간의 생명은 유한하다. 유한한 생명이기에 끝이 있다. 그렇다면 이 유한한 생명의 종지부를 찍을 수 있는 것은 유한한 생명이 아니라 영원한 생명이 찾아올 때 비로소 가능할 것이다.

목사님과 나눈 이야기가 생각났다.

"그래서 영원한 생명을 가지신 하나님께서 우리에게 찾아오신 것입니다. 우리의 힘으로 갈 수 없으니……."

그래서 복음을 기쁜 소식이라고 말하나 보다. 죽어 가는 모든 인간에게 죽음을 이길 수 있는 생명이 찾아오셨다는 기쁜 소식 말이다.

'아, 목사님이 내게 이 복음을 나눠 주신 것이구나.'

죽음을 피할 수 없는 인간에게 살길이 주어졌음을 알고도 나누지 않는다면 그것은 직무유기라는 생각이 들었다. 물론 내가 나눈다고 해서 상대방이 받지 않을 수도 있겠지만…….

사실 나 또한 하나님이 값없이 주신 선물 앞에서 그것을 받을지 말지 참으로 많은 시간을 고민했었다. 아니 어쩌면 지금도 하고 있는 것인지 모르겠다. 선물은 값없이 주어지나 사람들이 그것을 거부할 수 있으니까. 나도 지난 7년간 계속 거부해 왔었으니까. 하지만 지금 이 시간, 죽음이라는 현실 앞에 영원한 생명을 생각하지 않을 수 없었다.

가끔 영원한 생명에 관심 없다고 말하는 사람들을 만날 때도 있다. 하지만 그 사람이 관심 없다고 해도 그를 사랑하는 사람이라면 그와 영원한 생명을 함께 나누고 싶을 것이다.

어쩌면 지금 내 친구도 하나님이 주시는 새로운 생명에 관심이 없을지도 모르겠다. 그래도 나는 사랑하는 친구를 위해 영원한 생명에 대해 이야기해야 한다. 이런저런 고민하는데 정장 재킷 호주머니에서 목사님과 헤어질 때 받았던 작은 말씀 카드가 손에 잡혀서 꺼내어 읽었다.

"영접하는 자 곧 그 이름을 믿는 자에게는 하나님의 자녀가 되는 권세를 주셨으니"_요한복음 1:12

나는 슬픔에 잠긴 사랑하는 친구의 손을 붙잡고 오늘 받았던 성경 암송 카드를 건네주었다. 부디 하나님께서 우리에게 주신 생명의 선물을 나처럼 오랜 시간 동안 거부하지 않길 바라는 마음을 담아서 말이다.

영접 기도

살아계신 하나님, 저는 하나님의 생명에서 단절되어 죽음을 피할 수 없는 죄인임을 고백합니다. 그러나 예수님께서 죄로 인해 죽음의 감옥에 갇혀 있는 저를 건지시기 위해 이 땅에 내려오셔서 십자가에서 저의 모든 죄를 씻으셨음을 믿습니다. 그리고 저에게 영원한 생명을 주시기 위해 부활하셨음을 믿습니다.

예수님을 영접하는 자에게 영원한 생명을 주심 또한 믿습니다. 지금 이 순간 예수님을 저의 생명의 주인이요, 유일한 구원자요, 하나님으로 인정하며 영접합니다. 제 안에 오셔서 저의 하나님이 되어 주세요.

이제 하나님은 저의 아버지가 되셨고, 저는 주님의 자녀가 되었습니다. 저의 영혼과 삶을 책임져 주세요. 사랑합니다. 주님.

예수님의 이름으로 기도합니다. 아멘.

육신의 부모가 준 생명의 끝이 다가오고 있다. 비록 얼굴을 보지는 못했지만, 이 책을 함께 읽고 있는 당신이 영원한 예수 그리스도의 생명을 얻은 자로 살다가 잠시 후 그분이 우리를 부르실 때 하나님 나라에서 반드시 재회할 수 있기를 소망한다.

복음의 문을 열고
사랑을 담다

초판 1쇄 발행 | 2018년 5월 17일
초판 5쇄 발행 | 2019년 6월 27일

지은이 | 김현
발행처 | 마음지기
발행인 | 노인영
기획·편집 | 하조은·이연호
디자인 | 문영인
일러스트 | 조정현

등록번호 | 제25100-2014-000054(2014년 8월 29일) **주소** | 서울시 구로구 공원로 3, 208호
전화 | 02-6341-5112~3 **FAX** | 02-6341-5115 **이메일** | maum_jg@naver.com ＊이 도서의 국립중앙도서관 출판예정도서목록(CIP)은 서지정보유통지원시스템 홈페이지(http://seoji.nl.go.kr)와 국가자료공동목록시스템(http://www.nl.go.kr/kolisnet)에서 이용하실 수 있습니다. (CIP제어번호: 2018013386)

※ 책 값은 뒤표지에 있습니다.
※ 잘못 만들어진 책은 바꿔 드립니다.
※ 이 책은 저작권법에 의해 보호를 받는 저작물이므로 무단 전재 및 무단 복제를 금합니다.

ISBN 979-11-86590-28-7 03230

마음지기는 여러분의 소중한 꿈과 아이디어가 담긴 원고 및 기획을 기다립니다.

마음지기는

성공은 사람을 넓게 만듭니다. 그러나 실패는 사람을 깊게 만듭니다. 마음지기는 성공을 통해 그 지경을 넓혀 가고, 때때로 찾아오는 어려움을 통해서 영의 깊이를 더해 갈 것입니다. 무슨 일에든지 먼저 마음을 지킬 것입니다.
높은 산꼭대기에 있는 나무의 뿌리가 산 아래 있는 나무의 뿌리보다 깊습니다. 뿌리가 깊기에 견고히 설 수 있습니다. 마음지기는 주님께 깊이 뿌리내리고 그 어떤 상황에서도 주님을 찬양할 것입니다.
"하나님과 가까이 교제하고 교감하는 사람은 그렇지 못한 사람보다 더 행복하다"라고 마시 시머프는 말했습니다. 마음지기는 하나님과 교감하고 교제하기 위해서 하루 24시간을 주님과 동행할 것입니다.

──── "모든 지킬 만한 것 중에 더욱 네 마음을 지키라 생명의 근원이 이에서 남이니라" 잠언 4:23